Picasso

Vorige Seite: Pablo Picasso "Stilleben", 1901, Picasso-Museum, Barcelona.
Gegenüberliegende Seite: Rembrandt "Vanitas", Ryksmuseum, Amsterdam.

Titel der Originalausgabe: "El bodegón al óleo"
Aus dem Französischen übertragen von Christa L. Cordes

2. Auflage 1985

ISBN 3-924433-04-6

Printed in Spain by
Alvagraf, S.A. -
Gerona, 6
La Llagosta - (Barcelona)

Register Book number: 785
Legal Deposit: B.4.773-85

Wie male ich Stilleben in Öl

José M.ª Parramón

Die Buchreihe "Malen und Zeichnen" ermöglicht eine umfangreiche Einführung und Ausbildung in den unterschiedlichen künstlerischen Maltechniken. Sie wendet sich an alle, die einzeln oder in der Gemeinschaft mit anderen Wege des künstlerischen Schaffens für sich entdecken wollen.

"Erlesene Schöpfungen", wie Valéry es nannte, sind heute nicht mehr einer Elite vorbehalten, sondern für alle erreichbar, die sich von kreativer Arbeit anregen lassen.

Der einzelne Hobbymaler oder der Gruppenleiter findet in diesen Bänden alle Antworten auf technische Probleme, die sich bei schöpferischen Überlegungen zwangsläufig stellen.

Die Bände umfassen die ganze Spannbreite der unterschiedlichsten Ausdrucksformen, beschreiben das dafür notwendige Material und stellen die einzelnen Phasen der Entstehung der Arbeiten vor.

Die Bände, die in erster Linie der Einführung in die jeweilige Technik gelten, sind fast immer in Kursform abgefaßt. Jede Lektion ist aktiv gestaltet: Der Theorie folgen ausführliche praktische Übungen mit fortschreitendem Schwierigkeitsgrad.

Zahlreiche Illustrationen ermöglichen die unmittelbare Anschauung und dienen dem besseren Verständnis der einzelnen Stadien der jeweiligen künstlerischen Technik. Kleine humorvolle Geschichten lockern das Ganze auf und vermitteln gleichzeitig allgemeine Kenntnisse.

Am Schluß der entscheidenden Kapitel fassen wir die wichtigsten Gedanken und die wesentlichen Gesetze noch einmal zusammen, um das Erlernte zu festigen.

Mögen diese Bände Ihnen den Einstieg und die Ausbildung in der künstlerischen Ausdrucksform Ihrer Wahl erleichtern.

INHALT

3

4

Einführung

Vincent van Gogh schrieb eines Tages seinem Bruder Theo, daß er eigentlich neue Modelle benötige, aber kein Geld besitze, um sie zu bezahlen. Das beste sei wohl, wenn er welches verdiene. Er habe daher beschlossen, Stunden zu geben. Er wolle mit dem Unterricht von Stilleben beginnen, denn das sei seiner Meinung nach die geeignetste Einführung in die Malerei und eine bessere Methode als die der Zeichenprofessoren.

Viele Künstler haben den pädagogischen Wert des Stillebens hervorgehoben. Schon Pacheco empfahl seinen Schülern Velasquez und Zurbarán, zunächst die kleinen Dinge des täglichen Lebens – Nahrungsmittel, Früchte, Gerätschaften – zu malen. Aus diesem Grund finden sich diese Elemente vermutlich in dem Jugendwerk Velasquez'. Cézanne betrachtete das Malen von Stilleben als "Laborversuche", bei denen man durch das Bemühen um die bestmögliche Zusammenstellung und Komposition die visuelle Wahrnehmungsfähigkeit schult und durch die Komposition lernt, das Malen als ein Ganzes zu betrachten.

Es ist bekannt, daß alle Kunsthochschulen und Akademien eine Vorliebe für Stilleben hegten und immer noch hegen. Ein Stilleben zu malen bedeutet, daß man selbst entsprechend einer Vorstellung von Form und Farbe sein Modell wählt und dafür verschiedene Gegenstände zusammenstellt. Diese Elemente muß man vor einem Hintergrund verteilen und eine gefällige, originelle Gruppierung dafür finden. Dafür gilt es, die Komposition des Bildes genau zu studieren. Es beinhaltet ebenfalls, daß sich der Künstler unmittelbar am Modell eingehend mit der Beleuchtung, der Farbe, der Richtung und der Stärke des Lichtes befaßt.

Die Tatsache, daß der Maler bei sich zu Hause im Atelier in aller Ruhe und ohne Zeugen arbeitet, hat den Vorteil, daß er ungestört Versuche machen und alle Möglichkeiten erforschen kann, die die Formen, die Farben, die Herstellungsart und der Stil ihm bieten. Nur auf diese Weise entwickelt er seine Fähigkeiten als Maler voll und ganz. Und das dient nicht nur dem Spezialisten für Stilleben, sondern kommt der Behandlung aller Themen zugute. Aus diesem Grunde habe ich das vorliegende Buch über das Stilleben geschrieben und bebildert. Es soll der allgemeinen Unterweisung im Malen mit Ölfarben dienen. Wir beginnen mit einer kurzen Einführung in die Geschichte des Stillebens und zeigen seine Entwicklung von den Anfängen bis heute auf. Anschließend untersuchen wir, wie und womit man malt, beschäftigen uns mit dem Material und dem notwendigen Handwerkszeug und erinnern an die Grundregeln über die Form und den Aufbau eines Bildes. Es folgt eine kritische Untersuchung über das Mischen von Farben, die Techniken und das Handwerk der Ölmalerei. Zum Schluß malen wir selbst drei Stilleben und zeigen Schritt für Schritt anhand von Abbildungen die Etappen auf.

Es handelt sich also um ein ehrgeiziges, aber konkretes Programm. Ich hoffe, es ruft in Ihnen die

Abbildung 3 und 4: Von Zurbarán im Jahre 1600 über van Gogh um 1890 bis in unsere Tage haben sich die Maler immer mit dem Stilleben befaßt. Manchmal handelte es sich dabei auch um Studien: "Ich glaube, Stilleben eignen sich am besten zum Lernen", sagte van Gogh. Oft waren sie aber auch als eigenständige Werke gedacht.

Leidenschaft zum Malen hervor. Es soll Ihnen zu einem Zeitvertreib verhelfen, bei dem Sie gleichzeitig wirklich eine Menge lernen. Ich würde mich glücklich schätzen, wenn Ihnen dieses Buch dazu verhülfe, mehr und besser zu malen.

José M. Parramón

Abbildung 5: "Äpfel und Orangen", um 1899, Musée du jeu de Paume, Louvre, Paris. Dieses Bild malte Paul Cézanne mit sechzig Jahren.
Zu diesem Zeitpunkt hatte er bereits eine eindrucksvolle Anzahl von Stilleben gemalt und dabei seine Theorie entwickelt: "Man muß die Natur und ihre Formen auf Zylinder, Kugeln und Kegel aufbauen." Das heißt, Cézanne nahm bereits die Regeln des Kubismus und der modernen Malerei vorweg.

Die Geschichte des Stillebens

Caravaggio: ein leidenschaftliches Leben

Caravaggio wurde vor rund vierhundert Jahren in dem Dorf Caravaggio in der Nähe von Mailand in Italien geboren.

Sein Name war Miguel Angel Merisi. Doch schon als Lehrling von zwölf Jahren nannte man ihn Caravaggio. Wenige Jahre später löste er mit seinen Werken in Rom eine der bedeutendsten Kontroversen der Kunstgeschichte aus, und sein Name wurde allgemein bekannt.

Caravaggio wurde siebenunddreißig Jahre alt (1573 bis 1610). Sein Leben war, ähnlich wie das van Goghs, nur kurz. Doch es reichte aus, um mit seinem Genius die Werke der größten europäischen Künstler des 17. Jahrhunderts von Velasquez bis Rembrandt, von Rubens bis La Tour über Ribéra, Zurbarán, Louis Le Nain, Frans Hals, Guido Reni bis Murillo, Jordaens und Vermeer zu beeinflussen und zu verwandeln.

Wie sahen seine Bilder aus, daß die einen behaupten konnten, er "sei auf die Welt gekommen, um die Malerei zu zerstören" (Poussin), während andere ihn für den Meister aller Meister hielten und seine Werke sogar kopierten (Rubens)?

Caravaggio veränderte den anfänglichen Stil des Barocks und schuf eine neue Art der Malerei.

Ende des 16. Jahrhunderts zeigte sich das Barock als Ausdruck des Gefühls, der Phantastik, des geordneten, harmonischen, schönen Theatralischen. In Bologna hatten die Carracci die akademischen Normen der Malerei bereits festgelegt. Es handelte sich um religiöse Gemälde mit sanftem Licht, Pastelltönen, Lyren, Wolken, Kreuzigungen und dem himmlischen Glanz. Die Blicke waren gen Himmel gerichtet, die Gesichter in Ekstase entrückt. Die Kirche unterstützte diesen idealisierenden Barock, um die Reformation damit zu bekämpfen.

Und dann tauchte plötzlich Caravaggio auf: "Dieser Maler, der nichtswürdige Dinge malt, der den Schmutz und die Mißgestalt bevorzugt, der eine Rüstung nach Möglichkeit rostig malt, der seine Modelle in Kniehosen und mit Hüten bekleidet darstellt und große Sorgfalt auf die Unreinheiten und die Falten der Haut verwendet." (Bellori, "Das Leben der Maler", 1672).

Aber weshalb malte Caravaggio so?

Caravaggio war mit zehneinhalb Jahren Waise geworden und als Lehrling im Atelier von Simone Peterzano in Mailand untergekommen. Bei ihm blieb er vier Jahre. Mit achtzehn Jahren lebte er in größter Armut in Rom. Dort malte er im Atelier von Lorenzo Siciliano Porträts. Man zahlte ihm einen Heller pro Bild, und er malte bis zu drei pro Tag (Baglione, 1642).

Kurz darauf wurde er krank und ins Armenhos-

Abbildung 6: Auf Seite 9 ist diesem Kapitel das Bild von Caravaggio "Junger Mann mit Obstkorb", 1593, Galerie Borghese, Rom, vorangestellt. Das Gesicht stellt das idealisierte Selbstbildnis des Malers dar. Caravaggio ist zu diesem Zeitpunkt zwanzig Jahre alt und wird bereits von der Form und der Farbe des Obstkorbs und seines Inhalts angezogen.

Abbildung 7 und 8. Links: Caravaggio, "Grablegung Christi", 1604, Vatikanische Pinakothek, Vatikanstaat. Rechts eine Kopie des Gemäldes von Rubens, National Gallery of Canada, Ottawa. Beachten Sie, daß die Maria von Kleofas, die sich auf dem Original mit ausgebreiteten Armen im Hintergrund befindet, auf Rubens' Kopie fehlt. Man erzählt, daß sie nicht auf Caravaggios Bild vorhanden war, als Rubens es kopierte. Sie muß später hinzugefügt worden sein. Die Qualität dieses berühmten Gemäldes ist u.a. daran zu erkennen, daß es neben Rubens auch von Fragonard, Géricauld und Cézanne kopiert wurde.

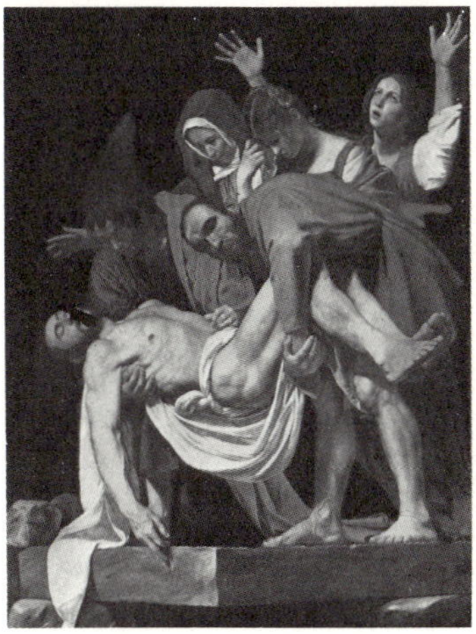

Abbildung 9: Auf dem Gemälde "Christus in Emmaus, National Gallery, London, von dem wir hier einen Ausschnitt zeigen, erhält das Stilleben eine Vorrangstellung. Es spielt hier nicht nur eine untergeordnete Rolle, sondern ist ein wichtiger Bestandteil geworden, der das Interesse und die Aufmerksamkeit Jesus' auf sich zieht. Velasquez in Spanien und Le Nain in Frankreich folgten Caravaggios künstlerischem Weg und malten ebenfalls Stilleben. In Spanien nennt man sie "bodegones". (Caravaggio war vierundzwanzig Jahre alt, als er dieses Bild malte.)

pital eingeliefert. Aber auch dort malte er weiter. "Während seiner Behandlung stellte er mehrere Gemälde für den Prior her." (Mancini, 1619). Was für Bilder konnte er malen? Oder besser gefragt: Welche Themen bieten sich einem Mann, der seit seinem zehnten Lebensjahr ständig Hunger leidet, der keinen festen Schlafplatz hat und in den Schenken und Garküchen mit kleinen Leuten und allen möglichen Bettlern zusammentrifft?
Offensichtlich kannte er keine anderen Modelle, keine anderen Bilder. Der Plebus, der gewöhnliche Mensch mit Hose, Hemd und Hut taucht in seinen Bildern auf und stellt Christus, Petrus und Paulus dar. "Sind Jesus, Paulus, Petrus, Maria und Magdalena nicht Menschen aus dem Volk?" pflegte Caravaggio dazu zu sagen.

Diese Auffassung revolutionierte die Malerei. Caravaggio fügte ihr noch ein weiteres Element hinzu, das die Kunst ebenfalls veränderte: die Beleuchtung. Bis zu diesem Zeitpunkt hatte man dem Licht nur einen untergeordneten Stellenwert zugemessen. Es griff jetzt stark in das Bild ein, unterstrich das Motiv und wurde oft zu einem wesentlichen Element des Gemäldes. Caravaggio führte auch den Naturalismus in die Kunst des Barocks ein. Eines Tages nahm er einen Korb und legte ein paar Trauben, einen reifen Apfel, Feigen, Birnen und einen Pfirsich hinein... Damit malte er eines der ersten Stilleben in der Geschichte der Malerei. Das geschah im Jahre 1596. Caravaggio war damals dreiundzwanzig Jahre alt. Es war allerdings nicht das erstemal, daß er einen Früchtekorb, Töpfe, Weingläser, Brot, Blumen oder gar Bücher, Partituren und Musikinstrumente darstellte. In der Tat enthielt der Großteil seiner Frühwerke in Verbindung mit weltlichen oder mythologischen Gestalten (zum Beispiel Bachus) oder biblischen Szenen (zum Beispiel "Christus in Emmaus") derartige Elemente. Als Rahmen für solche Szenen wählte Caravaggio Schenken, Wirtshäuser und Küchen, in denen er selbst verkehrte. Dadurch führte er, ohne es zu ahnen, eine Thematik ein, die später in Spanien und Frankreich äußerst häufig aufgegriffen wurde.

Abbildung 10: Caravaggio, "Korb mit Früchten", 1596, Ambrosianische Pinakothek, Mailand. Dies ist das erste Stilleben in der Geschichte der Malerei. Gewiß hatte es zuvor schon Versuche dieser Art gegeben. Doch das Stilleben als eigenständiges Motiv und Anlaß für ein Gemälde war vor Caravaggio unbekannt. Betrachten Sie dieses wirklich bewunderswerte Werk sehr genau. Es könnte auch in unseren Tagen gemalt worden sein. Caravaggio geht in seiner Originaltreue und der Absicht, die absolute Wahrheit darzustellen, so weit, daß er selbst die Schadstellen des Apfels zeigt.

Velasquez entdeckt das Stilleben

Caravaggios besondere Malweise mit den alltäglichen Modellen, den Winkeln in einer Taverne, den Früchten und den Gerichten, dem heftigen Licht und den außerordentlichen Kontrasten wurde in Spanien, genauer gesagt in Sevilla, um das Jahr 1592 bekannt. Caravaggio malte damals in Rom im Hospital, wie Mancini erzählt, "für den Prior zahlreiche Gemälde, die dieser in seine Heimatstadt Sevilla brachte". Sieben Jahre später wurde Diego Velasquez de Silva in Sevilla geboren. Seine ersten Werke waren zweifellos von Caravaggio beeinflußt. Er begann Männer und Frauen aus dem Volk zu malen und setzte sie in Wirtshäuser und Schenken an Tische mit Gerichten und Getränken, wie seine Werke "Das Frühstück", "Die Mahlzeit der beiden Kinder" oder die Szene in der Ecke einer bescheidenen Küche "Eine alte Frau brät Eier", "Die Dienerin" oder "Christus bei Martha und Maria" beweisen. Velasquez war zwanzig Jahre alt, als er diese Bilder malte, die von den akademischen Kritikern als "bodegones" bezeichnet wurden. Das Wort *Bodegón* (1) hatte zu jener Zeit eine andere Bedeutung als heute. Es bezeichnete ein gewöhnliches Bild mit volkstümlichen Gestalten und entsprach der italienischen Bambocciade, also der derbkomischen Darstellung des Volkslebens. Bei uns bezeichnet man ein solches Werk als "einen richtigen Schinken".

Um die Verachtung, die die Werke von Caravaggio, Velasquez und seinen jungen Zeitgenossen, die dieselben Themen behandelten, hervorriefen, zu begreifen, muß man sich daran erinnern, daß die Malerei im 17. Jahrhundert das wichtigste grafische Kommunikationsmittel zwischen den Adelskreisen, der gehobenen sozialen Schicht und den Intellektuellen war und gleichzeitig als Informationsquelle für die Gesellschaft im allgemeinen galt. Was konnten der Staat und seine Institutionen von einer Kunst halten, die einfache kleine Leute in Helden, Götter und Heilige verwandelte?

Caravaggio in Italien, Velasquez in Spanien und Louis Le Nain in Frankreich bildeten das Proletariat, das die Malerei erniedrigte und die Klassiker verärgerte. Doch wie zu anderen Epochen der Geschichte waren es die Künstler, die die Wahrheit wiederentdeckten, und zwar hier durch die unschuldigen Themen der Stilleben.

Abbildung 11 und 12: Zwei Gemälde von Velasquez. Oben: "Eine alte Frau brät Eier", 1618, National Gallery of Scotland, Edinburgh; unten: "Der Wasserträger von Sevilla", Wellington Sammlung, London. Beide Bilder wurden während Velasquez' sogenannter "Sevilla-Periode" von 1617 bis 1622 gemalt. Der Künstler war damals achtundzwanzig bis dreiunddreißig Jahre alt.

(1) bodegón: Schenke, Bistro, düstere Taverne (Anm. des Übersetzers).

Abbildung 13 und 14: Zwei Ausschnitte aus den Gemälden der vorigen Seite. Die beiden herrlichen Stilleben gesellen sich zu Darstellungen des Alltagslebens, die Velasquez in Sevilla malte, als er wie Zurbarán, Alonso Cano und andere Schüler von Pacheco war und ebenso wie diese von Caravaggios Werken beeinflußt wurde.

Wer, wann, wo, wie?

Darstellungen von Gegenständen, Blumen, Früchten, diverse Speisen, etc. als erzählende oder dekorative Elemente hat es seit der Antike immer gegeben. In der Renaissance gelangten diese Dinge jedoch stärker in den Vordergrund und wurden zu eigenständigen Themen. So malten zahlreiche Künstler des 16. Jahrhunderts Menschen mit einem Stilleben. Auf dieser Seite ist als Beispiel dafür das Gemälde von Vicenzo Campi "Die Obsthändlerin" abgebildet, das um 1560 entstand.

Vor diesem Zeitpunkt lassen sich nur drei Bilder als Stilleben einordnen:

1. Eine Heilige Jungfrau von 1470 (also ein Jahrhundert vor Caravaggio) eines Schülers des flämischen Malers Rogier van der Weyden, auf dessen Rückseite in einer Nische ein Stilleben aus verschiedenen Elementen abgebildet ist, das sich auf das religiöse Thema der Auferstehung bezieht;

2. Ein bekanntes Bild des deutschen Malers Hans Memling aus dem Jahre 1490: "Iris und Lilien in einer Vase", das sich merkwürdigerweise ebenfalls auf der Rückseite einer Leinwand befindet (die Vorderseite zeigt einen Männerkopf).

3. Und schließlich "Rebhuhn, Eisenhandschuh und Armbrustbolzen" des Venezianers Jacopo de' Barbari, das von 1504 datiert: eine seltene Ausnahme, die die Regel bestätigt. Aber dieses Bild läßt sich ebensowenig wie die beiden vorherigen, die ebenfalls als Versuche und isolierte Studien angesehen werden müssen, als Stilleben im Sinne von Caravaggio und der späteren Maler bezeichnen.

Abbildung 15: Vicenzo Campi: "Die Obsthändlerin", Pinakothek von Brera, Mailand, um 1560. Damals begann die Darstellung von Personen in Verbindung mit einem Stilleben.

Abbildung 16 und 17. Oben: "Iris und Lilien in einer Vase" von Hans Memling, Kollektion Thyssen-Bornemisza, Singanon Castagnola; rechts: "Stilleben mit Rebhuhn, Eisenhandschuh und Armbrustbolzen" von Jacopo de' Barbari, Alte Pinakothek, München. Diese beiden Bilder werden als erste isolierte Versuche mit einem Stilleben als Thema betrachtet.

Die Thematik der ersten Stilleben

Man kann ohne Frage behaupten, daß die eigentlichen Stilleben gegen Ende des 16. Jahrhunderts gleichzeitig in Holland, Flandern und Italien auftauchten. In Südeuropa ging die Bewegung von Caravaggio aus, im Norden war sie eine Folge der Reformation, die Darstellungen von Heiligen und religiöse Themen ablehnte und sie durch Stilleben und andere weltliche Motive zu ersetzen suchte. Drei charakteristische Versionen des Stillebens lassen sich seit den Anfängen und während eines Großteils des 17. Jahrhunderts unterscheiden:

1. Die "Vanitasbilder". Hier soll das Bild an die Vergänglichkeit der Zeit und die Eitelkeit des Lebens erinnern, doch in einem religiösen Zusammenhang, der durch Schädel, Gesichter des Todes, Kandelaber und brennende Kerzen, einer Sanduhr und Darstellungen von der Hinfälligkeit und der Kürze des menschlichen Lebens und selbst durch Geld, Bücher, Blumen, Schmetterlinge etc. hergestellt wurde.

2. Eine weitere Art des Stillebens bezog sich auf die Sinne — Gesichtssinn, Gehörsinn, Tastsinn — und benutzte religiöse Symbole und Darstellungen der Naturkräfte wie Wasser, Wind und Feuer. Diese sogenannten "symbolischen" Stilleben tauchten später im 18. Jahrhundert noch einmal auf, betrafen dann jedoch Elemente, die die Künste im allgemeinen und insbesondere die Malerei, die Bildhauerei und die Literatur versinnbildlichten.

Abbildung 18 bis 21: Vier repräsentative Gemälde für die Thematik der ersten Stilleben.

Abbildung 18: Damien Lhomme, "Eitelkeit", Musée des Beaux-Arts, Troyes.

Abbildung 19: Jacques Linard" "Die fünf Sinne und die vier Naturgewalten", Musée des Beaux-Arts, Algier.

Abbildung 20: Jean-Baptiste-Siméon Chardin, "Die Attribute der Künste", Louvre, Paris.

Abbildung 21: Louis Tessier: "Die Künste und die Wissenschaft".

18

19

20

21

Virtuosität und Trompe-l'œil

Neben dem Thema der Eitelkeit und den sogenannten symbolischen Darstellungen finden sich schließlich drittens Stilleben, die das ganze Können des Malers beweisen sollten. In jenen Bildern tauchen im Überfluß Blumen, Früchte, Vasen und Körbe auf. Zu Beginn des 17. Jahrhunderts führte man hier auch Insekten und kleine Tiere ein, anhand derer die Künstler ihre Virtuosität beweisen wollten, indem sie den Betrachter des Bildes täuschten. Aus dieser Mode – die Insekten auf einer Frucht oder auf dem Tisch so zu malen, daß das Publikum glaubte, sie seien echt – entwickelten sich um die Mitte des 17. Jahrhunderts die sogenannten Trompe-l'œil.

Diese Trompe-l'œil tauchen in unserem Jahrhundert in der Form des Hyperrealismus im Stilleben wieder auf (Ken Davies in den USA, Hockney in Großbritanien, Sciltian in Italien etc.).

Abbildung 22: Ausschnitt eines Stillebens von J. D. Coosemans, Prado, Madrid, in dem die charakteristische Virtuosität jener Zeit gut zu erkennen ist: Oben findet sich ein Schmetterling, rechts ein Marienkäfer, in der Mitte eine Schnecke und unten links ein Regenwurm. Diese Virtuosität degenerierte später zum Stil der Trompe-l'œil.

Abbildung 25, 26 und 27: Hier drei Beispiele für die Anfänge des Stillebens. Die Neigung zur Virtuosität ist nicht ohne symbolische Ansprüche. Von links nach rechts: Der Spanier Sánchez Cotán zeigt in diesem Stilleben einen Primitivismus, der heute bei den nordamerikanischen Künstlern wie Ken Davies wieder aktuell ist. Der Franzose P. Boucle beweist in diesem Ausschnitt ein außergewöhnliches Können und peinliche Genauigkeit. Die Französin Charlotte Vignon wetteifert mit dieser Virtuosität, indem sie winzigklein gemalte Insekten in ihr Bild einfügte.

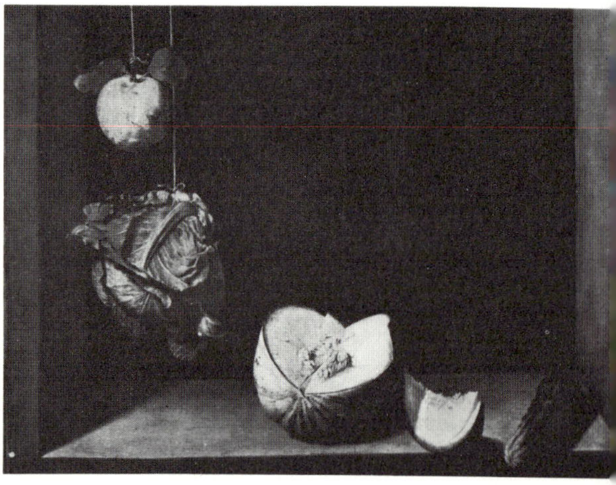

Abbildung 25: Juan Sánchez Cotán "Stilleben mit Kohl", Fine Arts Gallery, San Diego, Kalifornien.

Abbildung 23 und 24: Rechts ein typisches Trompe-l'œil von J.F. de La Motte, Privatsammlung, Frankreich, mit allen Möglichkeiten der Tiefenwirkung, der Sorge um das Detail und der charakteristischen Technik dieser Thematik. Es erinnert an den zeitgenössischen Hyperrealismus. Man trifft diese Malweise heute bei gewissen nordamerikanischen Künstlern wieder.
Oben der Höhepunkt eines Trompe-l'œil: Ein Bild, das ein eingerahmtes Gemälde mit zerbrochenem Glas zeigt (Privatsammlung, Paris).

Abbildung 26: P. Boucle, "Karpfen, Hecht, Geflügel und Wild" (Ausschnitt), Sammlung Cailleux, Paris.

Abbildung 27: Charlotte Vignon, "Pfirsiche und Trauben" (Ausschnitt), Sammlung J.R., Paris.

Das 16. und 17. Jahrhundert

Ende des 16. Jahrhunderts tauchten mit den Werken der Holländer Jacob de Ghent und van der Ast, des Flamen Jean Brueghel d.Ä., des Italieners Caravaggio und des Spaniers Sánchez Cotán die ersten eigenständigen Stilleben auf. Kurz darauf malten Jacques Linard und Louise Moillon in Frankreich und van Schooten in Holland ebensolche Motive.

Wie Sie anhand der hier abgebildeten Stilleben erkennen, weist die Komposition dieser Maler eine bemerkenswerte Übereinstimmung auf. Sowohl van der Ast wie van Schooten, Cotán und Louise Moillon malten nicht einzelne Schnecken oder Früchte, sondern ganze Sammlungen. Sie legten noch keinen Wert auf eine schlichte Zusammenstellung ihres Themas aus nicht allzu vielen Elementen, wie Caravaggio sie bereits in seinem berühmten Früchtekorb zeigte. Diese archaische Form des Stillebens war jedoch bereits Ende des 17. Jahrhunderts überholt, wie wir auf den folgenden Seiten feststellen werden.

Abbildung 28: Zu den ersten holländischen Künstlern, die Stilleben malten, gehörte van der Ast mit seinen "Muscheln" (Boymans Museum, Rotterdam). Hier ist die Thematik auf den Geschmack des bürgerlichen Käufers, dem Sammler von Wertgegenständen aus Indien etc. ausgerichtet.

Abbildung 29: van Schooten, "Der gedeckte Tisch", Sammlung Carlson, Schweiz. Van Schooten ist ein weiterer berühmter holländischer Maler aus der ersten Hälfte des 17. Jahrhunderts. Seine archaischen symmetrischen Kompositionen schöpften ihre eigenständige Kraft aus einer pedantisch genauen Sprache, die an die Trompe-l'œil erinnert.

Abbildung 30: Sánchez Cotán, "Stilleben mit Früchten und Artischocken", Sammlung Victor Spark, New York. Ende des 16. Jahrhunderts taucht der Karthäusermönch Juan Sánchez Cotán in Spanien auf. Er ist von spanischem Geist geprägt und ein Anhänger des beginnenden düsteren Barocks vom Stil eines Caravaggio. Sánchez' Persönlichkeit drückt sich in Einfachheit und Strenge aus. Im Gegensatz zu den üblichen Gemälden seiner Zeit finden sich in seinen Darstellungen niemals Teller, Vasen und Pokale aus Edelmetall. Sein Stil sollte alle Künstler seiner Zeit beeinflussen, von denen einige, so F. Ramirez, der ebenfalls Stilleben malte, seinem Weg folgten.

Abbildung 31: Louise Moillon "Die Obsthändlerin", Privatsammlung, New York. Zu Beginn des 17. Jahrhunderts besaß Frankreich in der Nichte von Françoise Garcier, der selbst ein Maler von Stilleben war, eine große Künstlerin. Mit ihrer Persönlichkeit und der Sicherheit ihrer Arbeiten galt sie als eine der besten Malerinnen ihrer Zeit.

Das 17. Jahrhundert

Zu Beginn des 17. Jahrhunderts dominieren die holländischen und die flämischen Maler. In Holland schufen Pierre Claesz, Coosemans, de Heem, van de Velde, vor allem aber Willem Claesz Heda Stilleben von großer künstlerischer Qualität. In Flandern erreichten Joris van Soon, Jan Fyt und Clara Peeters ein bisher unbekanntes Niveau.

In Spanien entdeckten Zurbarán und Velasquez die Möglichkeiten des *bodegón* und schufen so herrliche Bilder wie "Der Wasserträger von Sevilla" oder das berühmte Gemälde mit dem Tongeschirr, während Juan de Valdés Léal seine Vanitas-Bilder malte und Felipe Ramirez sich Sánchez Cotán als Schüler anschloß.

In Frankreich interpretierten vor allem Baugin, Stoskopff und Dupuis erfolgreich die ganze thematische Skala der Stilleben, angefangen von ganz schlichten Bildern mit zwei oder drei Elementen bis hin zu den dekorativen überladenen Werken der Vanitas-Bilder mit Fruchtkörben etc.

Abbildung 32: Willem Claesz Heda ist zweifellos einer der besten holländischen Maler des 17. Jahrhunderts. Man sagt, seine Bilder besitzen die drei wesentlichen Faktoren der Kunst der Komposition: a) Er wählte ein Modell, das auf konkreten geometrischen Formen beruhte. Dadurch schuf er Einheit und bewies einen guten Geschmack. b) Er benutzte ein diagonales Kompositionsschema, das Schluß machte mit den schlanken Pokalen und ähnlichen Elementen. c) Er harmonisierte gewissenhaft die Farben.

Abbildung 33: L. Baugin: "Die fünf Sinne", Louvre, Paris. Dies ist ein gutes Beispiel für ein symbolisches Stilleben, das das Thema der fünf Sinne sehr augenfällig behandelt: Die Mandoline und das Notenbuch stehen für den Hörsinn, Geldbörse, Karten und Schachbrett für den Tastsinn, der Spiegel rechts hinten symbolisiert den Gesichtssinn, die Nelken den Geruchssinn und das Brot und der Wein den Geschmackssinn.

Abbildung 34: Francisco Zurbarán, "Stilleben", Prado, Madrid. Der Zeitgenosse und Freund von Velasquez absolvierte seine Lehre im Atelier von Herrera d.Ä. und malte dort in jungen Jahren dieses berühmte Stilleben mit den Töpferwaren, das die Aufmerksamkeit wegen der Schlichtheit des Modells (eine Reminiszenz an Sánchez Cotán), des bewußten Gefühls für die Form und der Verteilung der Gegenstände auf sich zieht, die im Widerspruch zu der Regel "Einheit in der Vielfalt" steht. Aus diesem Grunde gilt das Bild als eines der besten *bodegones* (Stilleben) der klassischen spanischen Malerei.

Das 17. Jahrhundert

Abbildung 35: Sebastian Stoskopff, "Stilleben mit Fischen", Sammlung Scharnowski, München. Sebastian Stoskopff wurde in Straßburg geboren, lebte aber in Paris. Er zählt zu den besten Malern von Stilleben des 17. Jahrhunderts in Frankreich.

Abbildung 36: P. Dupuis, "Pflaumen und Pfirsiche", Privatsammlung, Frankreich.

Abbildung 37: Felipe Ramirez, "Bodegón" oder "Stilleben mit Kardone", Prado, Madrid.

35

36

37

Abbildung 38: Linke Seite unten: Meiffren Conte, "Wasserkanne mit dem Wappen Frankreichs, ovale Platte und Muscheln", Sammlung van de Brock, Brüssel. Der prunkvolle Stil des Hofes von Ludwig XIX. beeinflußte die dekorative Auffassung von Stilleben in der zweiten Hälfte des 17. Jahrhunderts in Frankreich entscheidend.

Abbildung 39: Joris van Soon, "Stilleben", Prado, Madrid. Van Soon war ein nüchterner, ausgeglichener flämischer Maler. Man merkt es an diesem Bild, dessen Komposition auf die pompöse Dekoration des Barocks zu verzichten versucht. Auch in diesem Werk findet sich der für jene Zeit in den Stilleben typische Schmetterling (Mitte des 17. Jahrhunderts).

Das 18. Jahrhundert

Dies war das Goldene Zeitalter des Stillebens in Frankreich, dem damaligen Zentrum der westlichen Kunst. Im 18. Jahrhundert erreichte das Stilleben als künstlerisches Genre seine eigentliche Identität. Zu jener Zeit entstanden Werke von außergewöhnlichem Wert, allen voran die Gemälde von Jean-Baptiste-Siméon Chardin (siehe Beispiele auf den Seiten 28 und 29). Doch zahlreiche weitere Maler waren in der Wahl ihrer Themen für die Stilleben ebenso erfolgreich wie er, so zum Beispiel Jean-Baptiste Oudry und Anne Vallayer-Coster.

In Holland erlangt van Huysum unter anderem für seine Blumenbilder und seine Erneuerungen auf dem Gebiet der Komposition Berühmtheit. Spanien erlebt dagegen im 18. Jahrhundert einen künstlerischen Abstieg. Dieser tritt bei Luis Eugenio Menéndez noch am wenigsten zutage.

40

Abbildung 40: Jean-Baptiste Oudry, "Hase, Rothuhn, Sumpfschnepfen", Worchester Art Museum, USA. Oudry gilt als einer der größten französischen Maler des 18. Jahrhunderts. Er wurde Hofmaler Ludwig XV. und arbeitete für die Gobelinweberei von Beauvais, deren Direktor er wurde. Er besaß eine gewaltige Schaffenskraft. Er konnte Personen, Porträts und Landschaften malen, spezialisierte sich jedoch auf Stilleben und hier insbesondere auf Tiere und Jagdszenen.

41

Abbildung 41: Jan van Huysum, "Stilleben mit Blumen", Ryksmuseum, Amsterdam. Jan van Huysum, der Sohn des Blumen- und Früchtemalers Justus van Huysum, führte eine Neuerung bei den Stilleben ein: den leuchtenden Hintergrund. Er stellte seine Modelle vor einen hellen Hintergrund. Das hatten vor ihm zwar schon andere Holländer getan, aber längst nicht so systematisch und entschlossen wie er.

Abbildung 42: Anne Vallayer-Coster, "Die weiße Deckelschüssel". Anne Vallayer-Coster war eine der besten französischen Malerinnen von Stilleben des 17. und 18. Jahrhunderts. Mit sechsundzwanzig Jahren wurde sie in die Königliche Akademie der Malerei und Bildhauerei aufgenommen, die "ihre Fähigkeiten mit besonderer Befriedigung anerkannte". Man vergleicht sie mit Chardin. Sie wurde an den Hof gerufen, um ein Porträt der Königin zu malen, und galt bei Kritikern wie bei Kollegen ihrer Zeit als Ausnahmeerscheinung.

52

53

Abbildung 43: Luis Eugenio Menéndez, "Stilleben", Prado, Madrid. Sein Vater stammte aus Asturien, seine Mutter war Italienerin. Er selbst wurde in Italien geboren, lebte aber seit frühester Kindheit in Spanien. Sein Stil wurde so stark von der französischen Kunst seiner Zeit geprägt, daß man ihm den Beinamen "der spanische Chardin" gab.

Das 18. Jahrhundert: Chardin

Auf das Werk Jean-Baptiste-Siméon Chardins läßt sich am besten das chinesische Sprichwort "Ein Bild ist mehr als tausend Worte" anwenden. Ein einfacher Blick auf die auf diesen beiden Seiten abgebildeten Werke beweist, daß es sich bei Chardin um einen meisterhaften Künstler handelte. Er setzte sich über seine Modelle hinweg und verschanzte sich nicht hinter ihnen, wie so viele seiner Zeitgenossen, die ihre Unfähigkeit verbergen wollten, Gestalten mit derselben Sicherheit und von derselben Qualität zu malen wie Stilleben. Nein, Chardin wechselte zwischen Gestalten und Stilleben. Zu seinen berühmtesten Werken gehören seine "Dame, einen Brief verbergend", "Dame, Tee trinkend" und "Kind mit Kreisel". Das letztere ist ein wunderbares Porträt des Sohnes einer seiner Kunden, des Juweliers Godefroy. Außerdem muß sein "Selbstporträt mit Helm" genannt werden. Doch abgesehen davon, daß Chardin ein großer Meister im Malen war, besaß er die notwendige Intelligenz und Unerschrockenheit, um mit dem manirierten, dekorativen und bombastischen Stil der Gemälde mit ihrem prächtigen Silbergeschirr, den blumenumrankten toten Hirschen am Ende einer heroischen Jagd etc. Schluß zu machen. Chardin verbannte diese nichtssagenden Geschmacklosigkeiten und ersetzte sie durch die Schönheit der realen Welt. Er malte drei Äpfel, einen Suppentopf, Brot, eine Terrine und ein Messer auf einem Tisch. Er kehrte in der Tat zu Caravaggios "Korb mit Früchten" und Velasquez' "Der Wasserträger von Sevilla" zurück.

Abbildung 45: "Strauß mit Nelken, Tuberosen und wohlriechenden Wicken in einer weißen Porzellanvase mit blauen Motiven", Scottish National Gallery, Edinburgh.

Abbildung 44. Linke Seite oben: "Die Attribute der Künste", The Minneapolis Institute of Arts, USA.

Abbildung 46: Links: "Der Kupferbrunnen", Louvre, Paris.

Abbildung 47. Rechts: "Mörser mit seinem Stößel, eine Schale, zwei Zwiebeln, roter Kupferkessel und Messer", Musée Cognacq Jay, Paris.

Abbildung 48. Unten: "Der Rochen" oder "Interieur einer Küche", Louvre, Paris.

46

47

48

Das 19. und 20. Jahrhundert

Seit dem 19. Jahrhundert malten alle Maler mit mehr oder weniger großer Regelmäßigkeit auch Stilleben. Delacroix, Courbet, Manet, Monet, Renoir, van Gogh und später auch Picasso, Nonell, Matisse, Braque, Juan Gris und Dali gehörten dazu. Und natürlich Cézanne, der — wenn auch nicht der jüngste in dieser Kette — unbezweifelbar größte Stillebenmaler unseres Jahrhunderts. Von ihm, von seinen Versuchen und seinen Bildern wird auf den nächsten Seiten die Rede sein. Wir wollen in sein Werk eindringen und uns näher mit seinen Ratschlägen befassen.

50

Abbildung 49: Henri Fantin-Latour, "Stilleben mit Blumen und Früchten", Kunstmuseum, Toledo, Ohio. Der französische Maler schuf dieses ausgezeichnete Bild 1866, also vier Jahre vor der ersten Ausstellung der Impressionisten, die er kannte und mit denen er in Verbindung stand. Merkwürdigerweise läßt sich feststellen, daß Fantin-Latour weiterhin in diesem akademischen, realistischen Stil malte.

Abbildung 50: Gustave Courbet, "Äpfel und Granatäpfel", National Gallery, London. Dieses bescheidene, dunkle Bild malte Courbet 1871 im Gefängnis in Paris. Courbet war damals Präsident der Künstlervereinigung von Paris und stand im Verdacht, am Abbau der Vendômesäule beteiligt gewesen zu sein.

Abbildung 51: Henri Rousseau, "Blumenstrauß", Albright-Knos Art Gallery, Buffalo. Hier ein Beispiel für ein Stilleben, dessen Stil zwischen dem Realismus und den "Naiven" liegt, eine Kunstform, die als unbefangen, spontan und kindlich gilt. Rousseau war ein authentischer Naiver, und obwohl er sich zwang, "gut" zu malen, behielt er seine Art und Weise bei, die von der Kunstgeschichte später als "besser als gut", eingestuft wurde.

Das 19. und 20. Jahrhundert: Cézanne

Abbildung 52: Paul Cézanne, "Stilleben mit Vorhang und Krug mit Blumenmotiven", Eremitage, Leningrad.

Abbildung 53: Paul Cézanne, "Apfelkorb", Chicago Art Institute. Besonders erwähnenswert ist Cézannes Verteilung der Elemente im Bild. Diese scheinbare Unordnung ist das Ergebnis stundenlangen Ringens um Ordnung, wie wir später noch sehen werden.

Das 20. Jahrhundert

Hier endet der kurze Überblick über die Geschichte des Stillebens. Zum Abschluß habe ich zwei Bilder gewählt, die man nicht nur wegen ihrer realistischen Art als modern bezeichnen kann, sondern sie bilden auch gewissermaßen eine Zusammenfassung der gewaltigen Produktion unseres Jahrhunderts. Es handelt sich um ein Gemälde von Vincent van Gogh und eines von Isidro Nonell. Van Goghs Gemälde ist Ausdruck des koloristischen Stils aus flach angelegten Farbtönen mit Formen ohne Volumen – also ohne das Spiel von Licht und Schatten –, aber eindeutiger Definition. Und alles ist in einem meisterlichen Stil gemalt.

Das zweite Bild stammt von dem katalanischen Maler Isidro Nonell und ist mit Farbtonwerten gemalt. Die Bildanlage ist weich und besteht aus breiten Pinselstrichen. Nonell drückt das Volumen mit Hilfe von Schatten und reflektiertem Licht aus. Dieser Stil wird heute ebenfalls sehr geschätzt. Wir werden auf den koloristischen und den valeuristischen Stil später noch eingehen, wenn wir sie in der Praxis studieren und die Möglichkeiten prüfen, die beide bieten.

Abbildung 54: Vincent van Gogh, "Sonnenblumen", Ryksmuseum, Amsterdam.

Abbildung 55: Isidro Nonell, "Stilleben", Museum für moderne Kunst, Barcelona.

Atelier und Material

Das Atelier

Im April des Jahres 1904 kam Pablo Ruiz Picasso zum zweitenmal nach Paris. Einen Monat zuvor hatte er einen Brief aus Barcelona erhalten. Der Bildhauer Paco Durio schrieb ihm, daß er ihm ein Atelier auf dem Montmartre in der Rue Ravignan Nr. 13 (heute Place Émile-Goudeau) überlasse: "Einfach, billig und in einem sehr hübschen Stadtviertel". Es handelte sich wirklich um ein billiges Atelier, und vor allem war es von größter Einfachheit. Das Atelier befand sich in einem alten Holzhaus. Die zahlreichen Zimmer waren von Künstlern, Schriftstellern, Theaterleuten. Wäscherinnen, Obst- und Gemüsehändlern und Prostituierten bewohnt. Picasso erzählte lachend, daß das abscheuliche Gebäude bei starkem Wind wie ein Segelschiff schwankte. Der Dichter Max Jacob nannte es einen "Schiffstrog" in Anlehnung an die alten Waschtröge aus Holz, die am Ufer der Seine befestigt gewesen waren. Der Name setzte sich durch, und Picassos Atelier wurde unter dieser Bezeichnung bekannt.

Wie sah dieser berühmte "Schiffstrog" aus, der sich zwischen 1905 und 1909 zu einem Versammlungsort für Maler, Dichter und Schriftsteller wie Braque, Dufy, Utrillo, Rousseau, Cocteau, Apollinaire und Max Jacob wurde? Fernande Olivier, Picassos erste Lebensgefährtin, schreibt in ihrem Buch "Picasso und seine Freunde": "Im Winter ein Eisschrank, im Sommer ein Backofen. Ein Ort, an dem alles Arbeit und Unordnung ausstrahlte: eine Matratze mit vier Beinen in einer Ecke, ein verrosteter Eisenofen mit einer Steingutschüssel, die ganz nebenbei auf einem Holztisch als Waschbecken diente, ein Handtuch und ein Stück Seife. In der anderen Ecke ein armseliger, schwarzgestrichener Kabinenkoffer als unbequeme Sitzgelegenheit. Ein Stuhl mit Strohgeflecht, Staffeleien, Leinwände aller Größen, Farbtuben über den Boden verstreut. Pinsel, Terpentinflaschen und keine Gardinen..."

"Und das alles auf einem Fußboden, der kurz vor dem Verrotten war", fügt einer der Biographen Picassos hinzu.

Doch das Atelier im "Schiffstrog" war zumindest groß genug, um anläßlich der künstlerischen Abendzusammenkünfte an die fünfzehn Gäste aufzunehmen. Und zweifellos war es größer als das Atelier, das Picasso 1901 auf dem Boulevard de Clichy gemietet hatte und das, nach dem unten abgebildeten Gemälde zu urteilen, nicht mehr als vier mal fünf Meter gemessen haben kann (siehe Abbildung 59).

Aber in dieser kleinen Höhle am Boulevard de Clichy und in dem armseligen Atelier im "Schiffstrog" malte Picasso die Bilder seiner berühmten Blauen Periode, eine Reihe wunderbarer Werke, die manche für die besten des Malers halten.

Die Erinnerung an Picassos materielle Bedingungen soll uns davon überzeugen, daß die äußeren Umstände keinen entscheidenden Einfluß auf den malenden oder kreativ tätigen Künstler haben. Trotzdem sollten hinsichtlich der Örtlichkeit, der Größe des Raumes, des Lichtes und des Materials ein Minimum an Voraussetzungen erfüllt sein.

Abbildung 57. Ein aktuelles Foto von der Place Émile Goudeau auf einem Hang vom Montmartre. Im Hintergrund, hinter der Gaslaterne und von der Palisade halb verborgen, ist das hohe Gebäude zu erkennen, der "Schiffstrog", in dem Picasso zu Beginn dieses Jahrhunderts sein Atelier hatte. Nach einem Brand vor einigen Jahren blieb der "Schiffstrog" als Ruine zurück. Derzeit wird dort ein neues Gebäude errichtet. Der Platz ist noch wie damals geblieben. Hier lernte Picasso Fernande Olivier kennen. Picasso kam 1904 in den "Schiffstrog" und verließ ihn 1909. In den fünf Jahren war sein Atelier Treffpunkt aller jüngeren Künstler seiner Zeit. Seine Bilder der Blauen und der Rosa Periode fallen in diese Jahre.

Wir beginnen mit der Festlegung der Mindestmaße für ein Atelier.
Ein Raum von 4 mal 3,5 Meter reicht völlig aus, auch wenn sich der Vorteil, in einem größeren Zimmer arbeiten zu können, nicht leugnen läßt.

Ich habe viele Ateliers kennengelernt und kann bestätigen, daß diese Maße richtig sind. Ich selbst mußte jahrelang in einem Atelier von vier mal fünf Meter arbeiten und male jetzt in einem Raum von 3,5 mal 8 Meter, den ich zur Hälfte zum Lesen, Schreiben, Reden mit Freunden oder Musikhören benutze.

In jedem Fall muß das Arbeitszimmer ausreichend beleuchtet sein. Diesen Punkt werden wir auf der folgenden Seite ausführlich behandeln.

Abbildung 58 (A) und (B): Ein Maleratelier, wie man es heute in jedem Stadtviertel auf einer höheren Etage finden könnte. Es besitzt große Fenster. Der Raum wird zur Hälfte zum Malen und zur Hälfte für die Lektüre, zum Hören von Musik und zum Zusammensein mit Freunden verwendet. Jeder kann sich selbst davon überzeugen, daß ein großer Raum allein zum Malen nicht absolut notwendig ist.

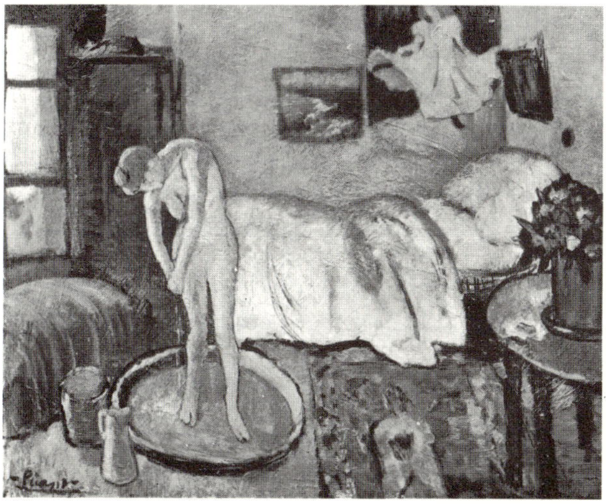

Abbildung 59: "Die Wanne" oder "Das blaue Zimmer" von Pablo Picasso (1901). Es stellt das Zimmer am Boulevard de Clichy dar, das Picasso als Atelier diente. Das kleine Zimmer war kein Hinderungsgrund für das Malen zahlreicher Werke seiner Blauen Periode.

Das Atelier und die Beleuchtung

Die meisten Maler arbeiten während des Tages, also bei natürlichem Licht. Aber nichts könnte uns daran hindern, bei Kunstlicht zu arbeiten, falls wir es wünschten. Viele Kunstmaler nehmen zwei Bilder gleichzeitig in Angriff: eines am Morgen bei Tageslicht und das andere abends oder nachts beim Licht von ein oder zwei elektrischen Lampen. Das ist nichts Neues. Schon Caravaggio malte um 1600 beim Kerzen- und Fackelschein (daher seine sehr kontrastreichen Bilder). Vor ihm arrangierte, wie es scheint, auch El Greco wahre Bühnenbilder mit Faltenwürfen, Gliederpuppen und lebenden Modellen im Fackelschein, bei dem er Bilder wie die "Beerdigung des Grafen von Orgaz" malte. Picasso arbeitete im "Schiffstrog" alle Nächte bei der blauen Flamme seiner Gasbeleuchtung, was zu der Dominante Blau seiner berühmten Blauen Periode geführt hat. Aber kommen wir zu unserem Atelier zurück: Es muß zumindest ein großes Fenster besitzen, damit man bei Tageslicht arbeiten kann und das Modell von vorn und von der Seite oder nur von der Seite beleuchtet wird.

Um bei künstlichem Licht zu arbeiten, benötigt man zwei Lampen: eine, um das Modell zu beleuchten, und eine zweite zum Beleuchten des Bildes, an dem man gerade arbeitet. Außerdem ist es ganz nützlich, wenn das Atelier noch eine allgemeine Zimmerbeleuchtung besitzt.

Zum Anstrahlen des Modells genügt eine Hundertwattbirne. Doch sollte ihr Schirm groß genug sein, damit sich das Licht nicht verdichtet. Das würde zu übertriebenen Kontrasten führen. Bei einem Stilleben sollte die Lampe 0,80 bis 1 Meter vom Modell entfernt angebracht sein. Das ist der optimale Abstand. Die Beleuchtung für das Bild muß von oben kommen und sollte nach Möglichkeit schwenkbar sein. Hier benötigt man ebenfalls eine Hundertwattbirne. Wichtig ist, daß beide Birnen dieselbe Stärke besitzen. Auf diese Weise vermeidet man, daß Bild oder Modell zuviel Licht bekommen; denn dadurch erschienen die Farben zu hell bzw. zu dunkel, und das wäre nicht wünschenswert.

Die Zimmerbeleuchtung schließlich sollte mög-

Einrichtung und Beleuchtung eines Malerateliers

Abbildung 60: Mindestmaße für ein Maleratelier, Verteilung der Lichtquellen und der Einrichtungsgegenstände.

4 m 3 m

1. Fenster oder Öffnungen nach draußen
2. Zimmerbeleuchtung
3. Lampe zur Beleuchtung des Stillebens
4. Lampe für die Staffelei
5. Beleuchtung für einen Zusatztisch

Das Atelier mißt 3,5 mal 4 Meter und ist mit folgendem Mobiliar ausgestattet.

A) Studiostaffelei
B) Kleiner Beistelltisch oder Rollwagen
C) Hocker
D) Rechteckiger Tisch zum Aufstellen des Modells, zum Zeichnen, Arbeiten etc.
E) Bücherregale
F) Phonomöbel, Schallplattenapparat
G) Liege
H) Fläche zum Abstellen neuer und bemalter Keilrahmen
I) Beistelltisch
J) Sessel
K) Stuhl

lichst dicht unter der Decke angebracht sein und eine 60 bis 100-Wattbirne besitzen (je nach Größe des Raumes). Man muß scharf darauf achten, daß sie keinesfalls in die Beleuchtung des Modells eingreift. Das würde zu stark sichtbaren Doppelschatten und übertriebenen Reflexen führen.

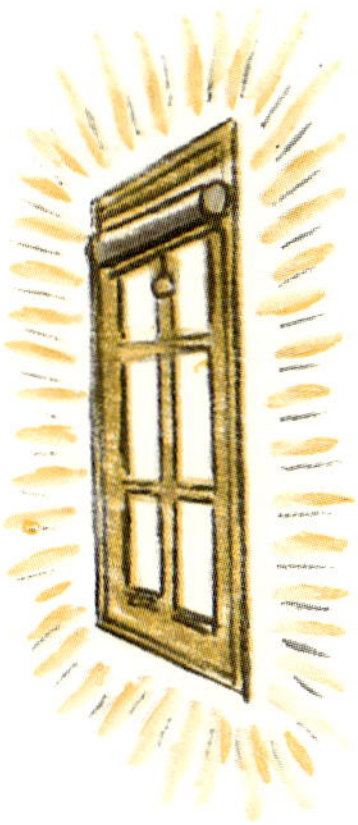

Abbildung 61 und 62: Natürliches (diffuses) Licht gibt ein weiches Modell; das Kunstlicht von einer Lampe (aus einer Richtung) betont die Kontraste.

Abbildung 63: Künstliches Licht kann Reflexe hervorrufen, vor allem, wenn der Pinsel waagerecht geführt wird.

Abbildung 64: Man kann diese Spiegelung ausschließen, indem man die Lichtquelle absenkt, die Leinwand etwas neigt und mit diagonalen oder senkrechten Pinselstrichen malt.

Abbildung 65: Das Licht muß von links auf die Staffelei fallen. Leinwand und Modell könnten, wie auf dieser Zeichnung abgebildet, zueinander stehen.

Die Studiostaffelei

Grundsätzlich sollte ein Atelier mit folgenden, hier in der Reihenfolge ihrer Wichtigkeit aufgeführten Einrichtungsgegenständen ausgestattet sein:

* Studiostaffelei
* ein kleiner Rollschrank in Sonderanfertigung zum Malen
* ein Hocker
* ein Tisch zum Zeichnen oder Aufstellen des Modells
* einige Stühle und eine Liege
* ein Bücherschrank
* Zeichenmappen.

Befassen wir uns zunächst mit der Staffelei. Es gibt zwei Arten von Staffeleien: die Feldstaffelei und die Studiostaffelei. Die Feldstaffelei besteht aus dem klassischen zusammenlegbaren Dreifuß. Sie eignet sich zum Malen im Freien. Im Notfall kann ein Anfänger damit auch in seinem Atelier malen. Aber der Feldstaffelei fehlt es an Stabilität; ihre Beine sind zu dünn, sie rutschen und biegen sich leicht. Eine Studiostaffelei ist dagegen völlig stabil. Sie bleibt auch bei einem nervösen Maler oder bei sehr energischen Pinselstrichen an ihrem Platz.

Auf dieser und der folgenden Seite sehen Sie eine Feldstaffelei und mehrere Modelle von Studiostaffeleien, die man normalerweise in Ateliers antrifft.

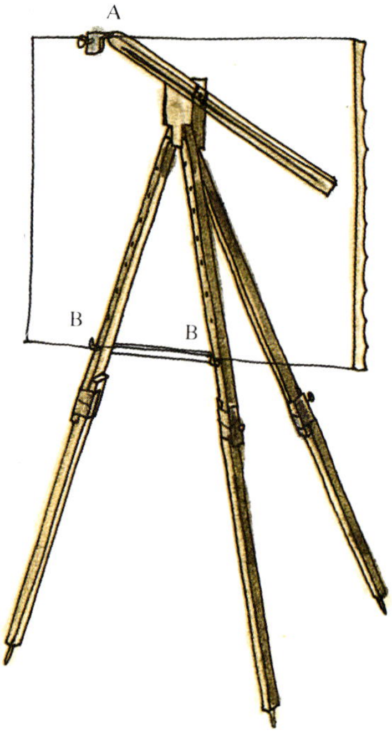

Abbildung 66: Klassisches Modell einer Feldstaffelei. Die Leinwand wird mit einer Klemme am Holm A gehalten und ruht auf zwei Haken (B), die manchmal durch ein Brett ersetzt werden. Aufgrund ihrer Maße lassen sich auf der Feldstaffelei keine großen Bilder malen. Schon deshalb ist sie, abgesehen von ihrer Empfindlichkeit und Instabilität, nicht für den Gebrauch im Atelier zu empfehlen.

Abbildung 67: Einfache, dreifüßige Studiostaffelei mit einer metallenen Lochschiene (A) entlang dem Mittelholm. Auf diese Weise läßt sich die Stütze für die Leinwand verstellen (B). Die Staffelei ist etwa 1,70 Meter hoch und ermöglicht das Malen von Bildern bis zu einer Größe von 1 x 0,80 m. Dieses Modell wird normalerweise in den Kunstakademien eingesetzt.

Abbildung 68: Hier eine modernisierte Form der vorigen Staffelei. Sie beruht ebenfalls auf dem Prinzip des Dreifusses, ist aber stabiler. Die Leinwand wird mit Hilfe einer am Mittelholm (A) verstellbaren Leiste mit Zusatzbrett (B) gehalten, auf dem man während der Arbeit die Farbtuben, die Pinsel und die Tücher ablegen kann.

Abbildung 69 A. Dieses Modell wird vor allem in den Ateliers der Kunstmaler benutzt. Es ruht auf einem soliden Lattengestell mit vier Rollen und läßt sich deshalb gut verstellen. Es besitzt einen Bildhalter für die Leinwand und eine Ablage für die Tuben, die Pinsel, die Spachtel etc. (A). Der Bildhalter ist in der Höhe verstellbar. Am Mittelholm (B) befindet sich eine Klemme mit einem Schieber, mit dem die Leinwand befestigt werden kann (C).

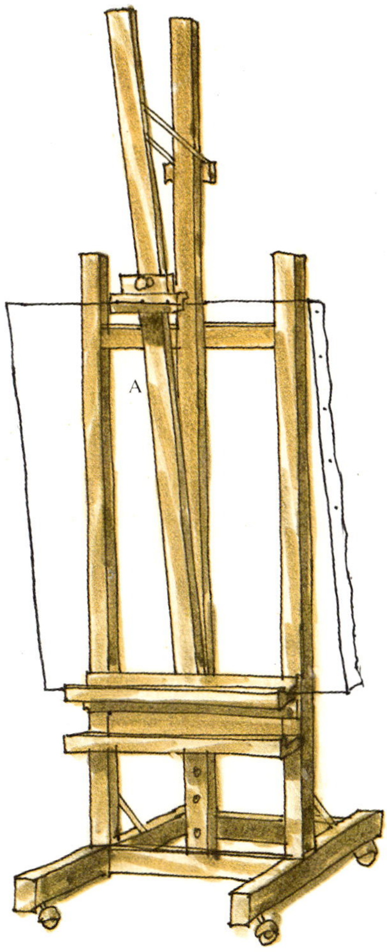

Abbildung 69 B. Dasselbe Modell, nur etwas größer und mit zwei Mittelholmen. Mit ihm lassen sich auch größere Bilder befestigen. Außerdem läßt sich der Bildhalter nach vorn neigen, um ein Blenden zu vermeiden (A).

Möbel und Geräte

Ein Möbelstück, das der Maler unbedingt benötigt, wenn er in seinem eigenen Atelier arbeitet, besteht aus einer Art Rollwagen, der immer in Reichweite stehen muß. Sie finden dieses speziell zu diesem Zweck entworfene Möbel in Fachgeschäften für Künstlerbedarf (Abbildung 72). Es ist mit Rollen ausgestattet, um leicht verstellt werden zu können. Natürlich muß dieser Wagen mit den Tuben, den Pinseln, den Tüchern und selbst mit der Palette, falls der Künstler sie während des Malens nicht in der Hand behält, immer in der Nähe der Staffelei stehen. Der obere Kasten ist in Fächer aufgeteilt, während die um eine Achse herausschwenkbaren Schubläden als Tablett oder sonstige Ablage dienen können. Der Wagen besitzt außerdem Fachböden zum Einordnen der Flaschen, Schachteln, Näpfe, Tücher etc.

Dieser Spezialwagen kann durch einen normalen kleinen Tisch ersetzt werden. ich selbst habe nur einen alten Rollwagen für Schreibmaschinen entsprechend umgerüstet. Oben ist ein zusätzliches Brett befestigt worden, und unten habe ich ein Schubfach eingebaut (Abbildung 71).

Abbildung 70: Staffelei mit ausziehbarer Lampe, ein Drehstuhl mit Rückenlehne, daneben ein kleiner Beistellwagen.

Abbildung 71: Jahrelang habe ich mit einem kleinen Beistelltisch aus einem alten Schreibmaschinenwagen ähnlich diesem Modell gearbeitet.

Abbildung 72: Ein derartiger spezieller Rolltisch mit Schubläden, ausziehbaren Tabletts, Fächern und Platten zur Unterbringung des zum Malen notwendigen Materials (Tuben, Pinsel, Spachtel, Flakons, Flaschen, Tücher etc.) findet sich im Fachhandel. Er ist mit vier Rollen ausgestattet und läßt sich leicht verschieben. Abgesehen von seinem hohen Preis, hat er nur einen einzigen Nachteil: die eigentliche Tischfläche ist ziemlich klein.

Normalerweise benutzen Maler einen hohen Hokker, auf dem sie ganz oder zur Hälfte sitzen. Da Sie sich ja für etwas entscheiden müssen, rate ich Ihnen zu einem Drehstuhl auf Rollen mit leicht nach vorn geneigter Rückenlehne. Der in der Höhe verstellbare Sitz ist gepolstert. Außerdem besitzt der Stuhl eine Fußstütze (Abbildung 74). Möchten Sie sich keinen derartig funktionellen Stuhl zulegen, tut es auch der dreibeinige herkömmliche Holzhocker mit in der Höhe verstellbarem Sitz, auf den man ein Kissen legen kann.

Im Atelier muß außerdem ein normaler 1,40 mal 0,80 Meter großer Tisch stehen. Der reicht für das Aufstellen eines Stillebens aus. Auf diesen Tisch stützt man das Zeichenbrett. Besser ist, man komplettiert ihn mit einem raffinierten Zusatzteil und verwandelt ihn in ein Pult (Abbildung 76).

In dem Bücherschrank befindet sich Fachliteratur zum Thema Zeichnen, Malerei, Vorstudien und Versuche in der Kunst etc., mit der man sein Wissen auffrischen und erweitern kann.

Ein paar Stühle und eine Liege vervollständigen das Mobiliar. Außerdem benötigt man zumindest zwei ausreichend große Zeichenmappen, um das Zeichenpapier und die fertigen Arbeiten zu ordnen.

Abbildung 73: Eine Ecke des Ateliers mit Bücherschrank, Liege und Tisch, auf den der Künstler sein Zeichenbrett stützt.

Abbildung 74 A. Links ein Drehstuhl mit Rückenlehne, verstellbarem Sitz und Fußstütze. Rechts ein herkömmlicher Holzhocker mit Drehsitz.

Abbildung 75: Die Zeichenmappen mit Zeichenpapier und den fertigen Bildern lassen sich gut in einem solchen Ständer unterbringen, der im Fachhandel erhältlich ist.

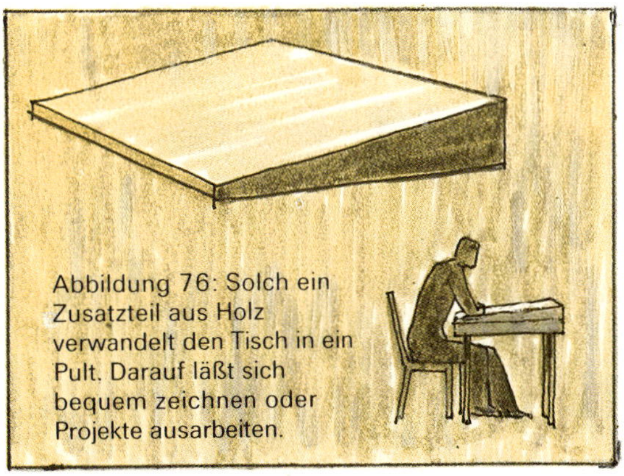

Abbildung 76: Solch ein Zusatzteil aus Holz verwandelt den Tisch in ein Pult. Darauf läßt sich bequem zeichnen oder Projekte ausarbeiten.

Leinwand und Malpappen

Normalerweise benutzt man als Malgrund auf Keilrahmen gespannte Tuche aus Leinen oder Hanf, die mit einer weißen Farbschicht, der Grundierung, versehen sind. Ich kann Ihnen nicht dazu raten, das Maltuch selbst vorzubereiten. Sie gingen dabei ein zu großes Risiko ein.

Im Handel gibt es ausgezeichnete Maltuche mit unterschiedlichem Korn. Man wähle das passende aus, je nachdem, ob man eher impressionistisch oder realistisch malen möchte. Von einem groben Korn bei kleinformatigen Bildern ist abzuraten. Die Spannung des Tuches wird von vier Keilen in den Ecken des Rahmens gehalten. Bereits grundierte Tuche vom Meter gibt es zwischen 0,70 und zwei Meter Breite.

Für kleinformatige Bilder benutzt man Malpappen, deren Grundierung eine Leinenstruktur aufweist, oder Tablexholz, das ebenfalls grundiert ist. Zur Not kann man auch auf einfacher, dicker Pappe arbeiten, die folgendermaßen vorbereitet werden muß: Nachdem die gesamte Fläche sorgfältig abgerieben ist, bestreicht man sie mit einer hauchdünnen, terpentinverdünnten Farbschicht. Man könnte zwar auch ohne Grundierung auf Pappe, Leinwand oder Holz malen. Aber dann saugt der Malgrund das Öl stark ein, und das geht zu Lasten der Farben, außerdem trocknet das Bild schlechter.

Gutes dickes Zeichenpapier eignet sich übrigens ebenfalls als Malgrund.

Malpappen, fertige Keilrahmen und Holzbretter gibt es in unterschiedlichen Größen. Es sei darauf hingewiesen, daß die Maße standardisiert sind und in reicher Auswahl zur Verfügung stehen. Das Format der Keilrahmen "Gestalt" ist viereckiger als das der "Landschaft". Das "Seestück" ist etwas länglicher.

Internationale Standardmaße von Keilrahmen für die Ölmalerei (in Zentimetern)

Nr.	Gestalt	Landschaft	Seestück	Anmerkungen
1	22×12	22×16	22×14	* Unter Bezugnahme auf diese Tabelle braucht man im Fachgeschäft nur nach dem gewünschten Format (Gestalt, Landschaft, Seestück) zu fragen. Zum Beispiel: "Nr. 12, Landschaft." * Malpappen und Holzbretter werden nur von Größe 1 bis 8 hergestellt. * Der Künstler kann selbstverständlich frei zwischen den Formaten wählen und zum Beispiel ein Porträt auf einer Leinwand vom Format "Landschaft" malen. Niemand zwingt ihn, sich an die Maße dieser Tabelle zu halten. Er kann ganz nach Wunsch ein viereckiges Format oder das noch länglichere des "Seestücks" verwenden.
2	24×19	24×16	24×14	
3	27×22	27×19	27×16	
4	33×24	33×22	33×19	
5	35×27	35×24	35×22	
6	41×33	41×27	41×24	
8	46×38	46×33	46×27	
10	55×46	55×38	55×33	
12	61×50	61×46	61×38	
15	65×54	65×50	65×46	
20	73×60	73×54	73×50	
25	81×65	81×60	81×54	
30	92×73	92×65	92×60	
40	100×81	100×73	100×65	
50	116×89	116×81	116×73	
60	130×97	130×89	130×81	
80	146×114	146×97	146×90	
100	162×130	162×114	162×97	
120	195×130	195×114	195×97	

Wie man einen Keilrahmen baut

Natürlich ist es bequemer, einen fertigen Keilrahmen zu kaufen, als ihn selber zu bauen. Wenn Sie jedoch weit entfernt von einem Fachgeschäft oder einem Hersteller wohnen oder einfach Lust zum Bauen haben, ist die folgende Anleitung gewiß ganz nützlich.

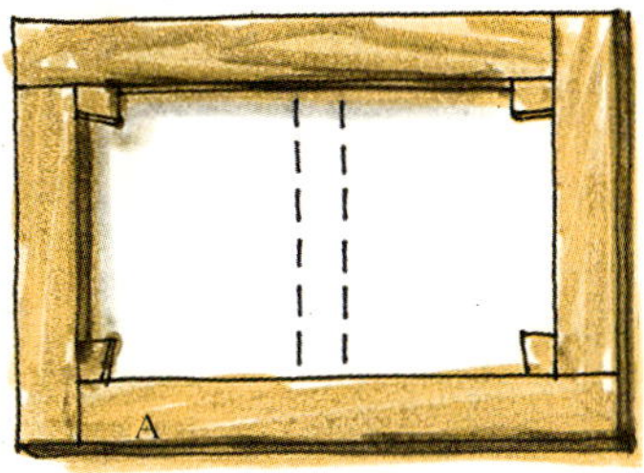

Abbildung 77: Ein Keilrahmen besteht aus vier Holzleisten, die in einer speziellen Weise zusammengesetzt werden, damit das montierte Tuch mit Hilfe von vier Keilen, die in die Ecken der Rückseite eingeschlagen werden, unter Spannung bleibt. Ist der Keilrahmen sehr groß, kann man ihn durch eine Mittelleiste verstärken.

Abbildung 78: Um zu verstehen, wie die Teile zusammengefügt werden, betrachten Sie bitte die Leisten B und C von der Seite. Die Zeichnung D zeigt die Bildung eines Winkels, E und F stellen die Einzelteile vor dem Zusammenfügen dar. G zeigt eine Nute, in die der Zapfen eingeführt wird, wie im Schema H zu sehen.

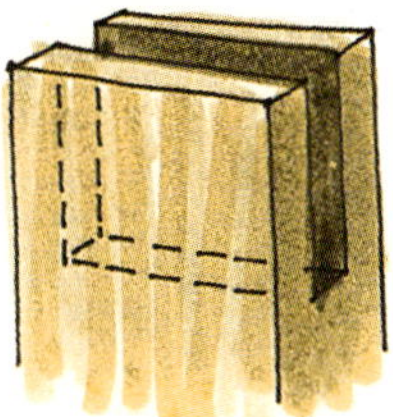

Betrachten Sie die Zeichnungen B bis H genau. Die Leisten sind abgeschrägt, wobei die hintere Seite schmaler ist.

Diese Verbindungsart verhindert, daß der innere Rand die Leinwand berührt und dort einen irreversiblen Abdruck hinterläßt. Die Zeichnung H zeigt das Einführen des Keils.

Die Montage der Leinwand

Schneiden Sie das Maltuch in den Maßen des Rahmens plus 3 cm für den Einschlag zu. Legen Sie es auf den Rahmen, der noch nicht von den Keilen blockiert sein darf, und achten Sie darauf, daß der Kettfaden parallel zu den Leisten verläuft. Zum Montieren des Tuches benötigt man Spezialklemmen mit breiten Backen, die das Tuch während der Befestigung mit den Flachkopfnägeln, die mit dem Hammer eingeschlagen werden, halten. Es geht allerdings auch ohne die Spezialklemmen. Beim Festnageln des Tuches beginnt man "rautenförmig" das heißt, man schlägt zunächst einen Nagel auf jeder Seite in der Reihenfolge 1, 2, 3 und 4 (Abbildung 80 A), ein. Dann setzt man einen weiteren Nagel neben Nägel Nr. 1, 2 etc., so daß sich auf jeder Seite zwei Nägel befinden. Danach muß das Tuch vor jedem weiteren Nagel ausgerichtet und die Spannung genau kontrolliert werden, sonst wird sie nicht gleichmäßig. Die untere Abbildung (80B) zeigt, wie die Ecken umgelegt werden. Ist das Tuch festgenagelt, schlägt man die Keile ein.

Die Pinsel

Zum Malen mit Ölfarben benutzt man normalerweise Schweinsborstenpinsel, für die Details sowie zum Zeichnen von Konturen etc. jedoch auch Rotmarderpinsel. Es gibt sie in drei verschiedenen Formen: mit rundem Haarkörper, mit flachem Haarkörper und in der sogenannten Katzenzungenfaçon. In manchen Ländern, so in der Bundesrepublik Deutschland, werden darüber hinaus auch fächerförmige Pinsel hergestellt. Diese eignen sich für das Anlegen von Lasuren, für Farbabstufungen und einen besonders zarten Farbauftrag. Rotmarderpinsel gibt es sowohl als Rund- wie auch als Flachpinsel. Pinsel sind 28 bis 30 cm lang. Ihre Stärke wird in geraden Ziffern (1,2,4,6,8,10...) angegeben.

Man benötigt insgesamt ein Sortiment von etwa fünfzehn Pinseln. Sie finden unten eine Aufstellung des meiner Ansicht nach notwendigsten Materials.

Abbildung 81: Borstenpinsel rund, Nr. 6

Abbildung 82: Borstenpinsel flach, Nr. 8

Abbildung 83: Borstenpinsel "Katzenzungenfaçon", Nr. 12

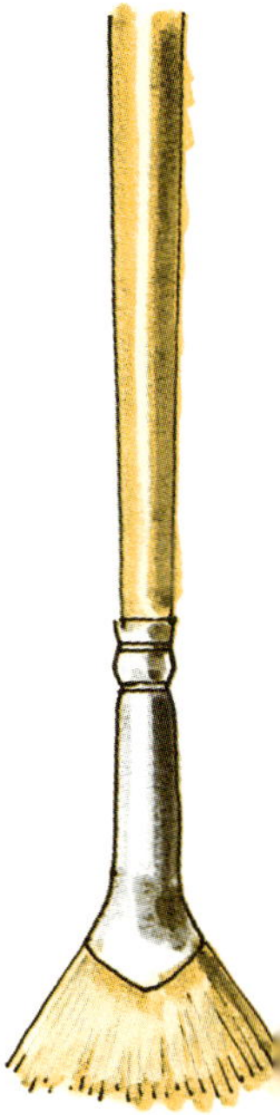

Abbildung 84: Fächerpinsel Nr. 4

Pinselsortiment für das Malen mit Ölfarben

* 1 Schweinsborstenpinsel rund, Nr. 4
* 1 Schweinsborstenpinsel flach, Nr. 4
* 1 Rotmarderpinsel rund, Nr. 4
* 1 Schweinsborstenpinsel rund, Nr. 6
* 2 Schweinsborstenpinsel flach, Nr. 6
* 1 Rotmarderpinsel rund, Nr. 6
* 2 Schweinsborstenpinsel flach, Nr. 8
* 1 Schweinsborstenpinsel, Katzenzungenfaçon, Nr. 8
* 2 Schweinsborstenpinsel flach, Nr. 12
* 1 Schweinsborstenpinsel, Katzenzungenfaçon, Nr. 12
* 1 Schweinsborstenpinsel, Katzenzungenfaçon, Nr. 18
* 1 Schweinsborstenpinsel, Katzenzungenfaçon, Nr. 24

Abbildung 85: Rotmarderpinsel in gutem Zustand

Abbildung 86: Rotmarderpinsel in schlechtem Zustand

Ein Rotmarderpinsel muß immer eine gute Spitze bilden. Nach Gebrauch ist er sorgfältig zu reinigen. Bitte achten Sie darauf, daß sich der Haarkörper beim Trocknen nicht teilt. Der Pinsel würde unbenutzbar.

Abbildung 87: Halten der Palette. Man hält die Palette gleichzeitig mit vier oder fünf Pinseln, die man gerade in Arbeit hat, sowie dem Tuch zum Reinigen und Entfernen des Farbüberschusses waagerecht in der linken Hand (Rechtshänder). Mit der rechten Hand mischt man mit dem Pinsel die Farben und trägt sie direkt auf das Bild.

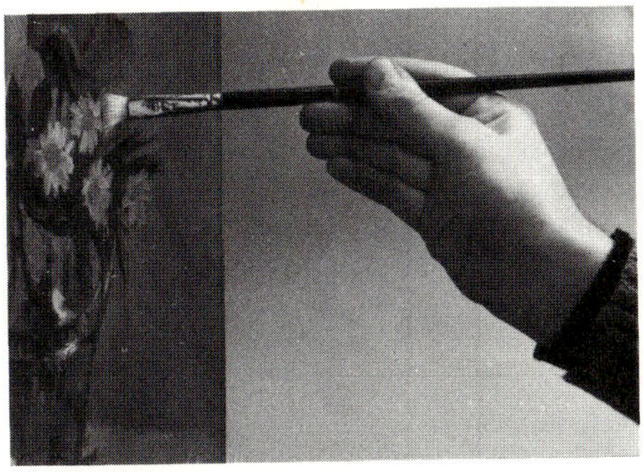

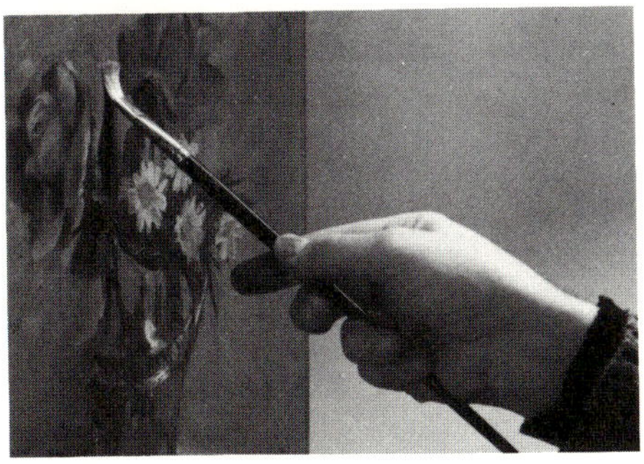

Abbildung 88: Die Zeichnung zeigt, wie der Pinsel normalerweise beim Malen mit Olfarben gehalten wird. Man faßt ihn wie einen Bleistift, nur etwas höher. Auf diese Weise arbeitet man erstens weicher und impressionistischer und zweitens mit einem größeren Abstand zum Bild. Dadurch behält man das Gesamtwerk, an dem man gerade arbeitet, besser im Blickfeld.

Abbildung 89 und 90: Links zwei weitere Möglichkeiten, den Pinsel zu halten. Auf dem oberen Foto wird Druck auf den Haarkörper ausgeübt, und man arbeitet waagerecht; unten liegt der Stiel im Innern der Hand, damit man senkrecht malen kann.

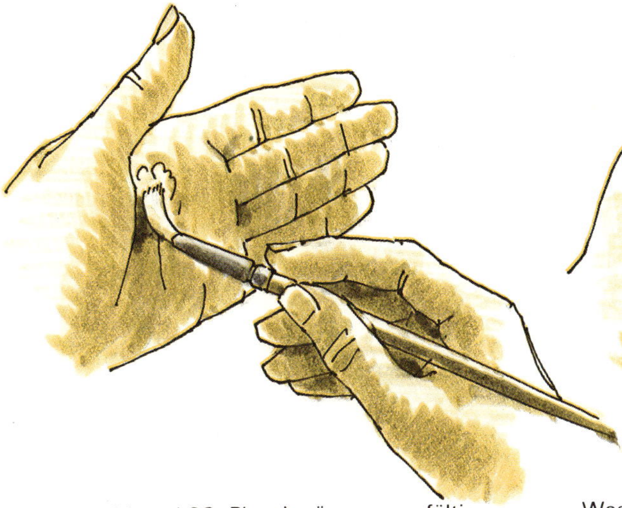

Abbildung 91 und 92: Pinsel müssen sorgfältig gepflegt werden. (Ein alter Pinsel in gutem Zustand malt besser als ein neuer!) Haben Sie einen Pinsel benutzt und wollen ihn morgen wieder gebrauchen, muß er nicht gründlich gereinigt werden. Es reicht, ihn auszupressen und mit einem in Terpentinersatz getauchten Lappen abzureiben. Im Notfall kann man den Pinsel auch einen Tag lang in einem Teller oder einem Glas mit Wasser stehenlassen. Besser ist es jedoch, ihn sofort gründlich zu reinigen. Mit Wasser und Seife erzielt man das beste Ergebnis. Dazu reibt man den Haarkörper auf einem Stück Seife und anschließend in kreisförmiger Bewegung in der Handfläche. Dann spült man ihn ab und wiederholt den Vorgang, bis der Schaum weiß bleibt. Das zeigt an, daß der Haarkörper sauber ist. Um die Reinigung zu verstärken, kann man den Haarkörper mit dem Daumen und dem Zeigefinger der linken Hand auspressen und leicht reiben (Abbildung 92).

Malmesser und Malstock

Das Malmesser ist eine Art Spachtel mit Holzgriff und flexibler, an der Spitze abgerundeter Stahlklinge. Am charakteristischsten ist das Messer in Form der Maurerkelle. Die Malmesser — auch Spachtel genannt — dienen nicht nur zum Abkratzen der Farbe von der Leinwand, zum Korrigieren eines Fehlers oder Reinigen der Palette, sondern man benutzt sie auch zum Malen. Das Malen mit dem Messer — die sogenannte Spachteltechnik — erfordert ein ganz bestimmtes Verfahren. Dabei werden zwei bis drei Spachtel wie Pinsel eingesetzt.

Der Malstock besteht aus einem Holzstiel, an dessen Enden sich zwei kleine Bälle befinden. Wie der Name sagt, benutzt man ihn als Stütze, um präzise Striche zu ziehen, ein ganz besonderes Ergebnis zu erzielen oder überall dort, wo man die Hand weder auf der Leinwand noch auf einer benachbarten, frisch gemalten Fläche abstützen kann. Heute wird der Malstock nur noch selten verwendet.

Die verbreitetsten Verdünner für Ölfarben sind gereinigtes Terpentin und Leinöl. Manche Künstler arbeiten mit einer Mischung aus beiden; andere — wie ich — verwenden ausschließlich Terpentin.

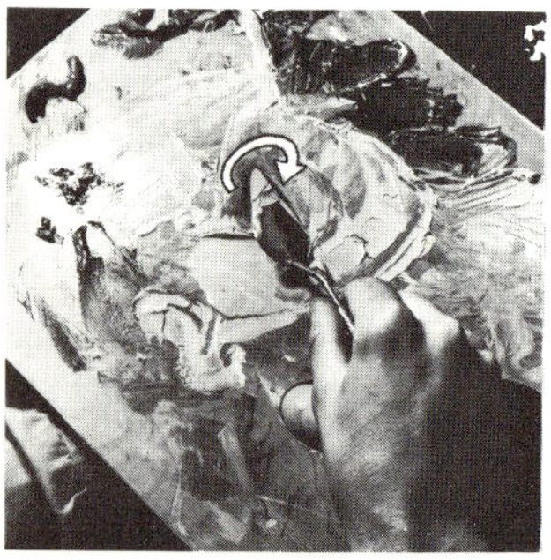

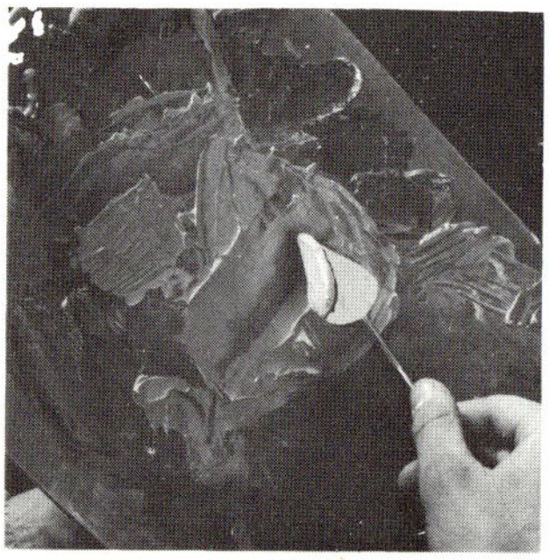

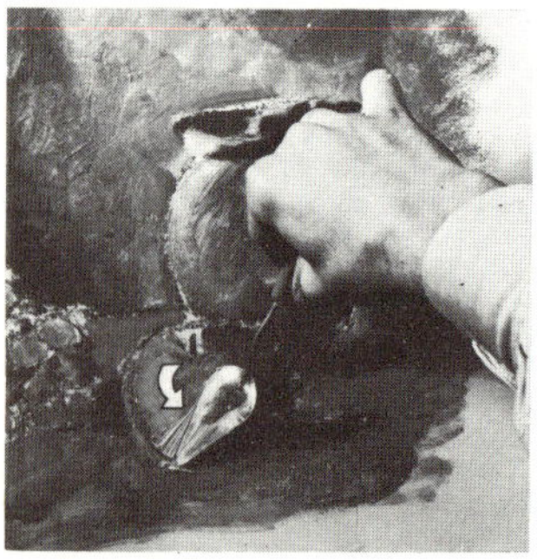

Abbildung 93. Mischen von Farbe und Öl mit dem Malmesser auf der Palette.
Abbildung 94: Man nimmt die Farbe mit dem Spachtel auf und streicht sie auf der Palette aus.

Abbildung 95: Malen von runden oder kugelähnlichen Formen mit dem Spachtel (oben).
Abbildung 96: Zurechtrücken von Linien oder eines Reliefs auf einer bereits mit Farbe bedeckten Stelle (unten).

Abbildung 97. Die Arbeit mit dem Malstock: Man lehnt die Enden auf eine unwichtigere Stelle des Bildes, zum Beispiel auf den Hintergrund, und stützt die rechte Hand zum Malen, zum Ziehen von Strichen oder Arbeiten mit größter Genauigkeit ab.

Verdünner, Näpfe, Verschiedenes

Je mehr Leinöl eine Farbe enthält, desto stärker glänzt sie und desto länger benötigt sie zum Trocknen. Verdünnt mit Terpentin, trocknet sie dagegen rasch und erhält ein mattes Aussehen. In diesem Zusammenhang sei an eine Grundregel des Malens mit Ölfarbe erinnert: "Fett auf mager", die besagt, daß die ersten Farbschichten wenig oder gar kein Öl enthalten dürfen (nur Terpentinersatz), damit die darüberliegende Bildschicht wegen des fehlerhaften Trocknungsprozesses nicht splittert.

Während des Malens benutzt man spezielle, normalerweise aus Metall bestehende Näpfe für die Verdünner, die mit einer Klemme versehen sind und an der Palette befestigt werden können. Es gibt sie einzeln und paarweise. Im Atelier ist es praktischer, ein größeres Gefäß zu verwenden.

Abbildung 98: Wie beim Leinöl sollte es sich auch beim Terpentin um ein Markenprodukt handeln. Außerdem muß es gereinigt sein. Darüber hinaus benötigt man jedoch noch eine große Flasche normalen Terpentinersatz zum Reinigen der Hände, der Pinsel, der Palette etc.

Abbildung 99: Näpfe mit einer Klemme, die sich an der Palette befestigen lassen. Oben ein Doppelmodell; unten, an der Palette, ein einfaches.

Abbildung 100: Alte Baumwoll- oder Leinentücher sind für alles Mögliche zu gebrauchen: zum Reinigen der Pinsel, der Hände, der Palette und selbst zum Ausmerzen von Fehlern während der Arbeit.

Abbildung 101 und 102: Man kann ein Bild mit Hilfe von Zeichenkohle vorskizzieren. Dann benötigt man ebenfalls ein Fixativspray.

Die Ölfarben

Jetzt wollen wir uns mit dem Komplex der Ölfarben befassen, der notwendigen Menge und den bekanntesten Marken.

Die Hersteller von Ölfarben bieten eine ausgesprochen große Auswahl an, die bis zu fünfundsiebzig unterschiedliche Nuancen umfassen kann. Aus ihnen wählt der Künstler nach übereinstimmender Auffassung der Mehrzahl der Kunstmaler maximal vierzehn Farben aus. Untenstehend finden Sie eine entsprechende Aufstellung und können das Sortiment auf der gegenüberliegenden Abbildung einer Palette betrachten. Die Hersteller bieten die Farben in der Regel in drei Tubengrößen an, die Sie entsprechend Ihren Bedürfnissen auswählen. Ich persönlich empfehle Ihnen für die Farben die Nummer 6 (mittel) und die Nummer 10 für das Titanweiß, denn das benötigt man am meisten. Bekannte Hersteller von Markenfabrikaten sind Bourgeois-Lefranc, Paillard, Pébéo, Rembrandt, Schmincke, Talents etc.

Abbildung 103. *Die Palette:* Paletten gibt es aus Holz, Metall und Plastik. Der gute Künstler arbeitet mit einer runden oder rechteckigen Palette aus Holz. Auf dem Foto erkennen Sie die Reihenfolge, in der die Farben abgesetzt werden, sowie das Halten von Pinseln und Tuch.

Von Kunstmalern normalerweise benutzte Ölfarben

1. **Titanweiß***
2. **Zitronengelb hell**
3. **Kadmiumgelb mittel***
4. **Ockergelb***
5. **Siena natur***
6. **Siena gebrannt**
7. **Umbra gebrannt***
8. **Kadmiumrot mittel***
9. **Karmin***
10. **Permanentgrün***
11. **Smaragdgrün***
12. **Kobaltblau hell**
13. **Ultramarin dunkel***
14. **Preußischblau***

Zu dieser Aufstellung kann man noch Elfenbeinschwarz fügen. Die mit einem Sternchen* versehenen Farben sind unbedingt notwendig; auf die anderen kann man gegebenenfalls verzichten.

Abbildung 104: Hier drei Farbtuben in Originalgröße: Nummer 3 (15 Gramm), Nummer 6 (30 bis 45 Gramm) und Nummer 10 (100 bis 200 Gramm).

1
2
3
4
5
6
7
8
9
10
11
12
13
14

Malkasten für Ölfarben

Zum Malen von Stilleben benötigt man den Malkasten nicht unbedingt. Er ist jedoch zum Malen im Freien unerläßlich und gehört insofern zur Ausstattung eines Ateliers. Der Künstler benötigt ihn zum Herstellen einer Stadtszene, einer Landschaft sowie für Seestücke. Im Atelier kann er zusätzlich zum Einordnen des Materials verwendet werden. In dieser Beziehung kann das gezeigte Modell (Abbildung 106) durchaus das Zusatzmöbel, von dem auf Seite 40 die Rede war, ersetzen (1).

Abbildung 105: Herkömmlicher Malkasten für die Arbeit im Freien mit einer Spezialeinrichtung für die Malpappe bzw. die Leinwand. Der Deckel dient als Unterlage. Die beweglichen Leisten ermöglichen einen gefahrlosen Transport des frisch gemalten Bildes.

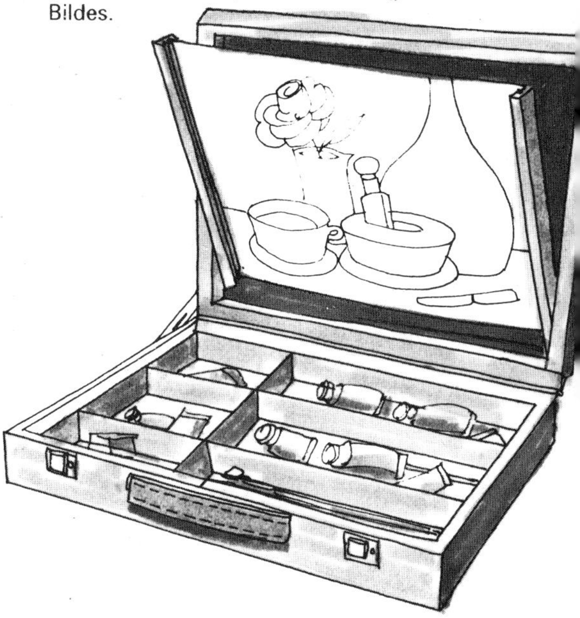

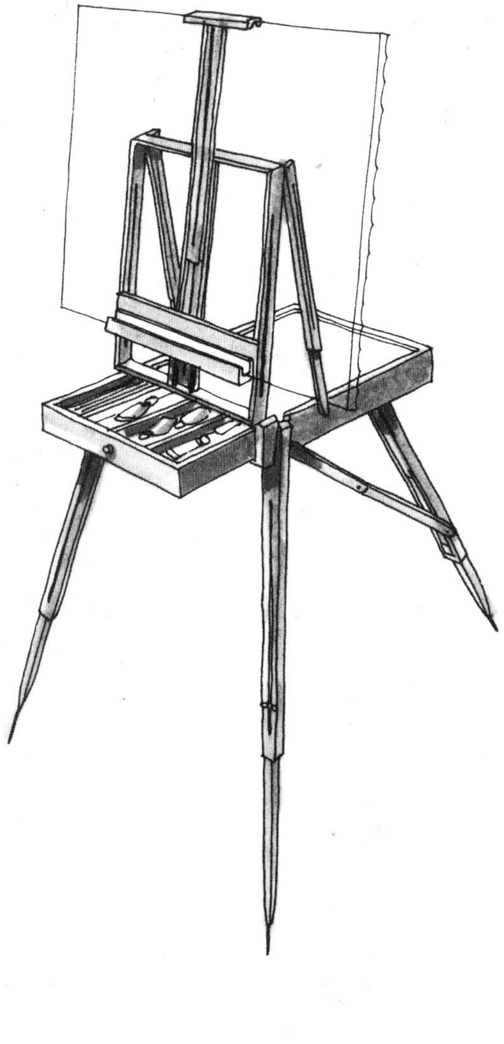

Abbildung 106: Die Staffelei mit integriertem Malkasten ist keine neue Erfindung. Hier lassen sich Staffelei, Malkasten und Bild mit einer Hand transportieren. Schiebt man die Beine ein, kann die Staffelei im Atelier als zusätzlicher Tisch dienen. Abbildung 106 B zeigt die zusammengelegte Staffelei mit dem Bild im Innern.

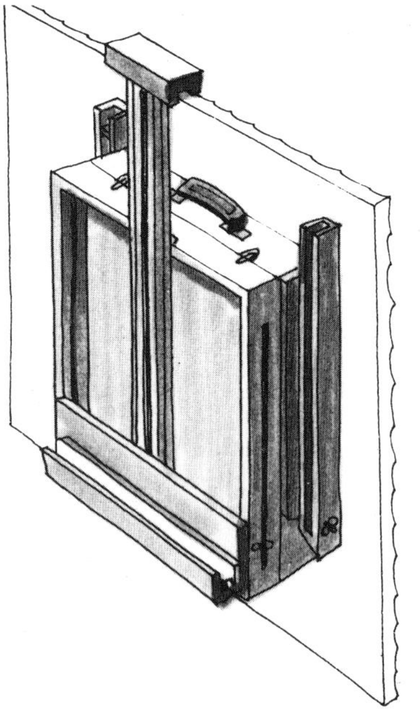

(1) Wir empfehlen in diesem Zusammenhang die Lektüre des Buches "Richtig malen mit Ölfarben", ebenfalls erschienen in dieser Reihe. Dort wird das notwendige Material ausführlich besprochen.

Form und Volumen

Die Untersuchung der Form

Von Jugend an empfand Paul Cézanne eine Vorliebe für Stilleben. Um 1866 kopierte er ein Detail eines holländischen Stillebens, das im Museum von Aix ausgestellt war, um die kugelförmigen Volumen besser studieren zu können. Es handelte sich um einen Teller mit Pfirsichen (Abbildung 107). Zwei Jahre vor seinem Tod schreibt er an seinen Freund Bernard, daß "man alle Formen in der Natur auf Zylinder, Kugeln und Kegeln reduzieren muß, selbstverständlich unter Berücksichtigung der Perspektive". Diesen Gedanken, den Cézanne schon in anderen Schriften und in Unterredungen mit Freunden ausgesprochen hatte, setzte er in seinen letzten Werken in die Praxis um. Er wurde von allen Künstlern unseres Jahrhunderts aufgegriffen. Picasso entwickelte daraus den Kubismus. Er bildet seitdem eine Grundregel für das Malen und Zeichnen.

Cézannes Grundsatz gilt ganz besonders für die Untersuchung der Formen der einzelnen Bestandteile eines Stillebens. Analysieren wir diese Elemente, stellen wir rasch fest, daß ein Tisch, ein

Bücherstapel oder eine gemusterte Tischdecke in der Tat im wesentlichen aus einem Würfel, einem Viereck oder einem Rechteck besteht. Ein Apfel, eine einzelne Weintraube oder eine Zwiebel lassen sich auf eine Kugel reduzieren; ein Glas, eine Tasse oder eine Flasche sind, grob gesprochen, nichts anderes als Zylinder.

Ähnlichkeiten von Formen mit einem Würfel, einer Kugel oder einem Zylinder.

Viereck und Würfel	Kugel	Kreis und Zylinder
Tisch	diverse Früchte:	Tasse
Bücherstapel	Apfel	Flasche
Kiste	Pfirsich	Teller
Etui	Pflaume	Aschenbecher
Tischtuch	Wassermelone	Tongefäße
Nicht geometrische Formen können in ein Viereck oder in einen Würfel eingeschlossen werden: zum Beispiel eine Blume, eine Banane, eine Weintraube.	Apfelsine	Vasen
	Tomate	Krüge
	Zwiebel	Töpfe
	Kartoffel	Flakons etc.
	Knoblauch	
	Krug	
	Vase	
	Tongefäße	
	Glasgefaße	

Abbildung 108: Die Form eines Bücherstapels oder eines Tisches entspricht im wesentlichen einem Würfel. Die meisten Gegenstände in unserer Umgebung, angefangen von einem Haus bis zu einer Blume, lassen sich durch einen Würfel ausdrücken.
Eine Rose besitzt zwar keine geometrische Form. Sie läßt sich aber trotzdem in einem Würfel oder einem Viereck einrahmen.

Abbildung 109: Weiß man, wie ein Kreis oder ein Würfel aufgebaut wird, lassen sich Gegenstände wie ein Teller, eine Tasse oder eine Flasche leicht wiedergeben.

Abbildung 110: Ein Apfel ist im wesentlichen eine Kugel. Auch eine Weintraube ist im Grunde nur eine Ansammlung von Kugeln. Ein Problem bilden allein ihre genaue Lage und die Verteilung von Licht und Schatten.

Der Aufbau

Der Würfel und das Viereck (und demzufolge auch das Rechteck) rufen stets perspektivische Probleme hervor, deren Lösung dem Künstler die Darstellung der dritten Dimension, also die Tiefe, ermöglicht. In bezug auf die Lage eines Gegenstandes unterscheiden wir im wesentlichen zwei Perspektiven: den Blick von vorn (Zentralperspektive) und die Dreiviertelansicht (Schrägperspektive). Das Problem läßt sich mit Hilfe von drei Faktoren lösen:

* **der Horizontallinie**
* **dem Augenpunkt**
* **den Fluchtlinien und den Fluchtpunkten.**

Die Horizontallinie ergibt sich aus der Höhe, von der aus wir einen Gegenstand betrachten. Der Augenpunkt liegt immer genau vor dem Betrachter auf der Horizontallinie. Die Fluchtlinien sind durch die schrägen Linien des Gegenstandes vorgegeben. Diese laufen nach hinten und vereinigen sich im Fluchtpunkt. Man spricht von einer konischen Perspektive, wenn der einzige Fluchtpunkt mit dem Augenpunkt zusammenfällt (Abbildung 112). Bei der Schrägperspektive ergeben sich dagegen zwei Fluchtpunkte unabhängig vom Augenpunkt (Abbildung 113).

Wie auf der folgenden Seite (Abbildung 116) zu erkennen, ist der Zylinder im wesentlichen aus einem Würfel oder einen Parallelepiped zusammengesetzt.

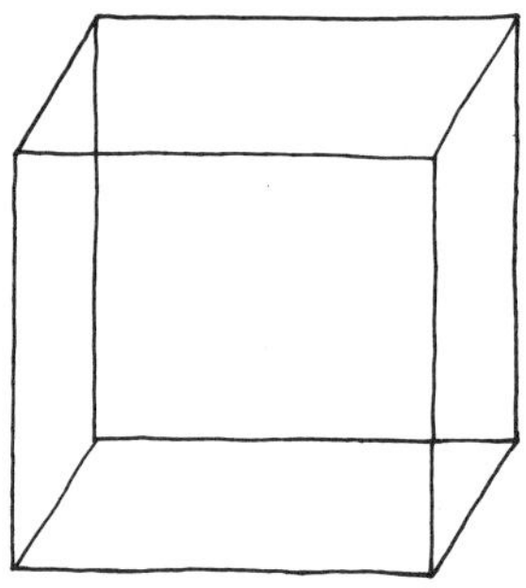

Abbildung 111: Laufen die Linien eines Würfels einschließlich der nach hinten laufenden Linien A und B jeweils paarweise parallel, zeigt sich der Würfel in Parallelperspektive (wird vor allem bei der technischen Zeichnung verwendet).

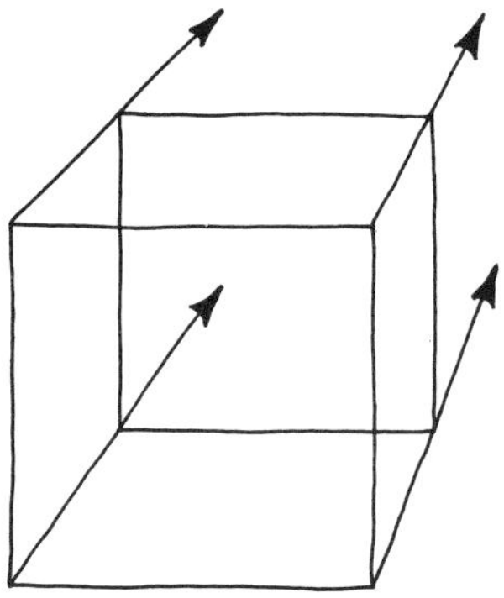

Abbildung 112: Verlaufen alle Linien mit Ausnahme derer, die zum Horizont gerichtet sind (A und B) parallel, spricht man davon, daß der Würfel in der konischen oder "künstlerischen" Perspektive gezeichnet worden ist. Auf unserem Beispiel sieht man den Würfel von vorn. Technisch ausgedrückt, handelt es sich bei dieser Perspektive um eine Axonometrie.

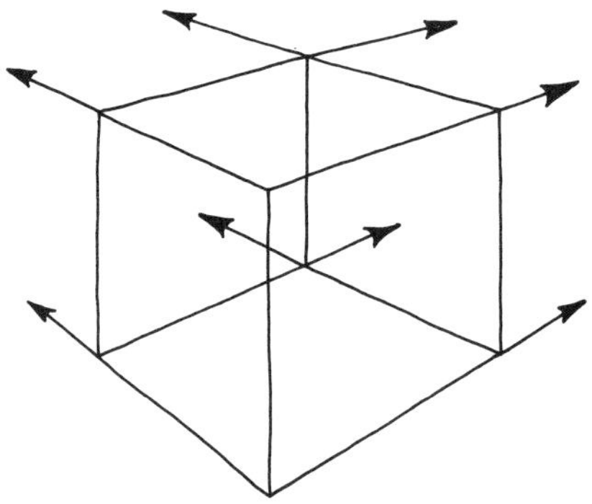

Abbildung 113: Verlaufen alle waagerechten Linien des Würfels zum Horizont und schlagen sie, ohne parallel zu sein, zwei deutlich verschiedene Richtungen ein, spricht man davon, daß der Würfel aus einer "konischen" Perspektive (über Eck gesehen) gezeichnet worden ist. Er zeigt seine Kanten.

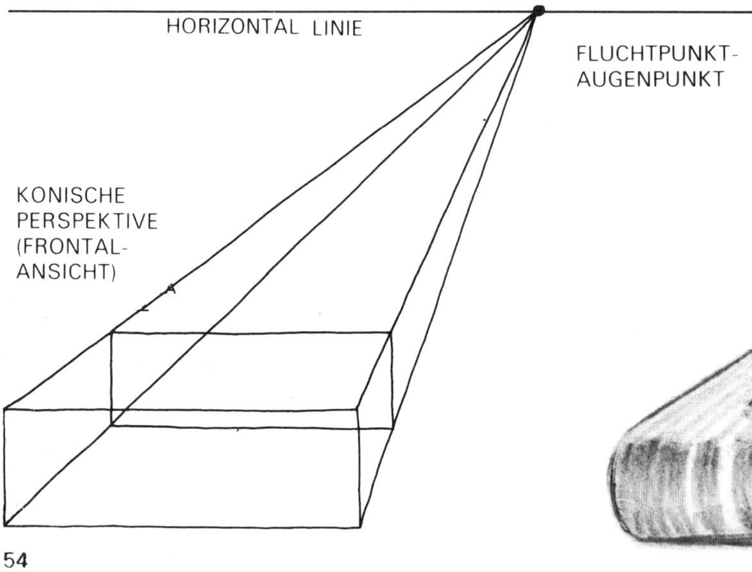

Abbildung 114: Zeichnerisches Beispiel einer konischen Perspektive (von vorn gesehen) mit Horizontallinie und Fluchtpunkt-Augenpunkt. Man erkennt, daß das Zusammenlaufen der schrägen Linien (Fluchtlinien) ein Gefühl der Tiefe vermittelt. Die praktische Anwendung dieses Schemas ermöglicht uns zum Beispiel das Zeichnen eines Buches.

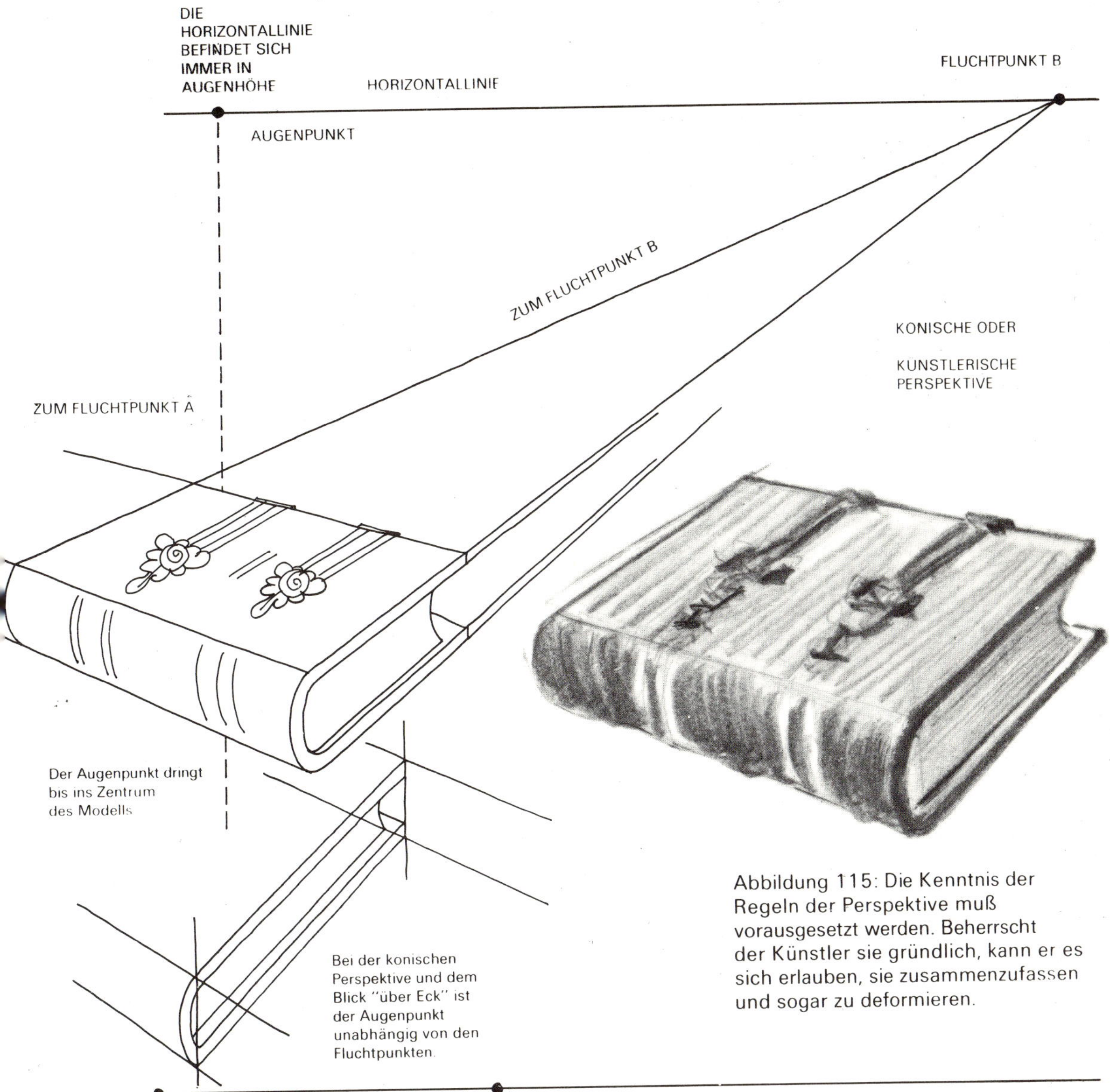

Abbildung 115: Die Kenntnis der Regeln der Perspektive muß vorausgesetzt werden. Beherrscht der Künstler sie gründlich, kann er es sich erlauben, sie zusammenzufassen und sogar zu deformieren.

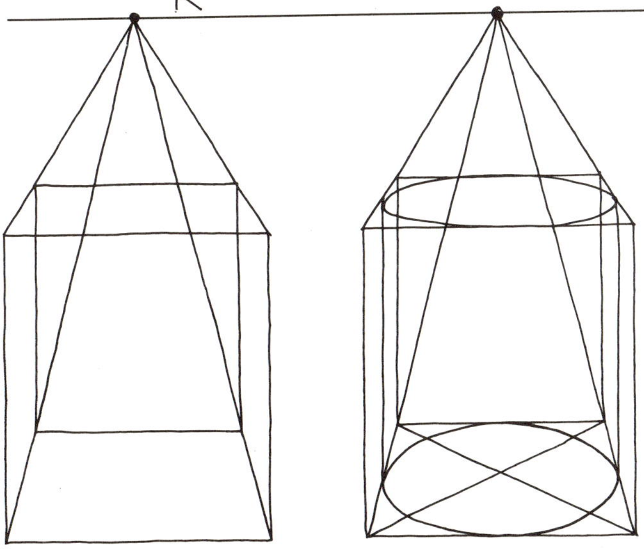

Abbildung 116: Der Kreis liegt im Innern eines Vierecks, der Zylinder innerhalb eines Würfels.

FORM UND VOLUMEN

Der Aufbau

Man akzeptiert heutzutage uneingeschränkt, daß zahlreiche Künstler die Perspektive verändern und verformen. Diese Maler setzen sich bewußt über Faktoren wie Horizontallinie, Augenpunkt, Fluchtpunkte etc. hinweg. Sie malen zum Beispiel eine Flasche unten rechteckig, bauen einen Würfel ohne Perspektive auf etc. Dagegen ist nichts einzuwenden, im Gegenteil. Vielleicht neigen Sie selbst zu dieser extremen Malweise, um einen persönlichen Stil und einen originellen Ausdruck zu gewinnen. Ich glaube jedoch, ehrlich gesagt, daß man, um zu dieser "Ungenauigkeit, die wahrer ist als die Wahrheit", zu gelangen, wie van Gogh sagte, sich zunächst der strikten Disziplin eines rigorosen figurativen Aufbaus unterwerfen muß. Man sollte wirklich einen Würfel, einen Zylinder und einen Kreis zeichnen können, und das ist längst nicht so einfach, wie man glauben möchte.

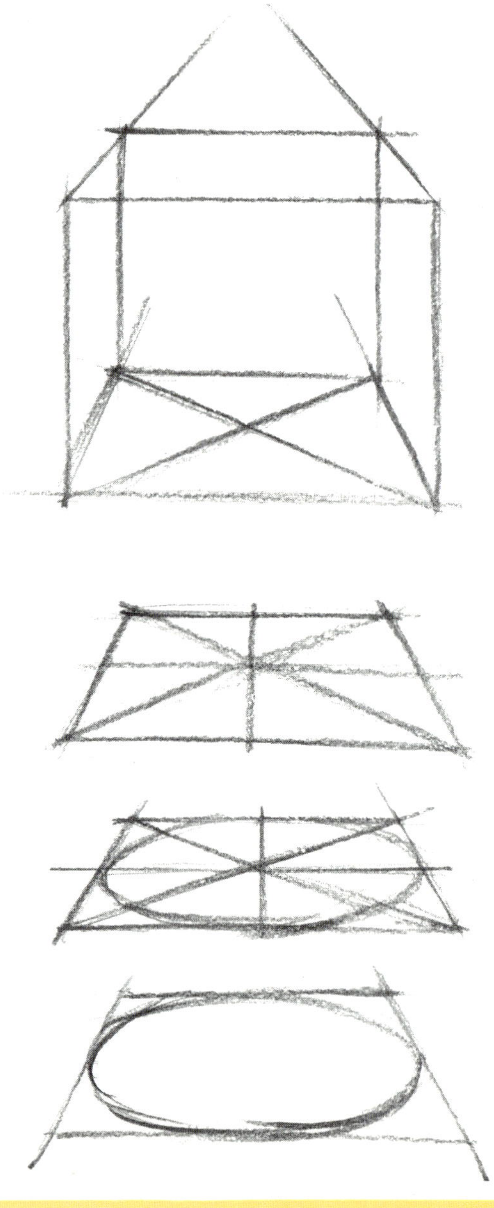

Abbildung 117: Versuchen Sie, aus dem Kopf und aus der freien Hand, also ohne Zuhilfenahme eines Lineals oder eines Zirkels, wie ich es getan habe, einen Würfel, ein Viereck und einen Kreis zu zeichnen. Sind Sie dazu in der Lage?

Abbildung 118: Bereitet es Ihnen keine Schwierigkeiten, können Sie —ebenfalls aus dem Kopf und aus der freien Hand— das Gerüst für diese Tasse mit der Untertasse zeichnen. Natürlich benötigt man normalerweise für einen Teller oder eine Tasse keine derart komplizierte Konstruktion. Man sollte jedoch wissen, daß es sie gibt, und muß sie sich vorstellen, während man das Modell abbildet. Sonst verfällt man in die bei Hobbymalern weitverbreiteten Fehler, die nicht einer bestimmten Auffassung entsprechen,sondern sich schlicht und einfach aus einem Unvermögen ergeben.

Weitverbreitete Fehler

Abbildung 119: Am Boden dieses Zylinders erkennt man einen weitverbreiteten Fehler: der Maler hat die Form des Kreises nicht richtig gezeichnet; sie hat einen Winkel bekommen und entspricht nicht der Wirklichkeit.

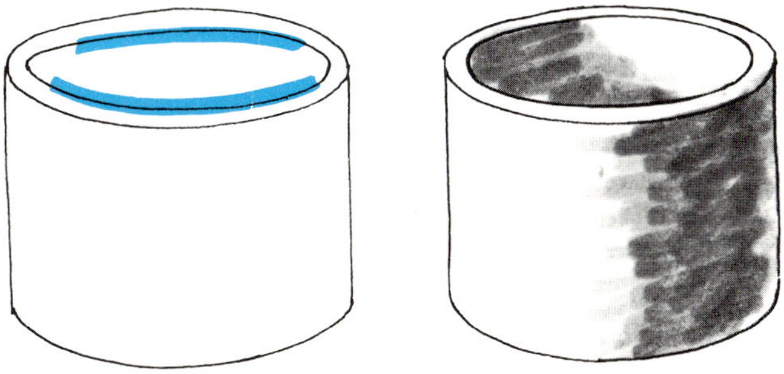

Abbildung 120: Ein weiterer verbreiteter Fehler: das Zeichnen der Stärke der Zylinderwand mit Hilfe zweier konzentrischer Kreise ohne Rücksicht auf die Perspektive.

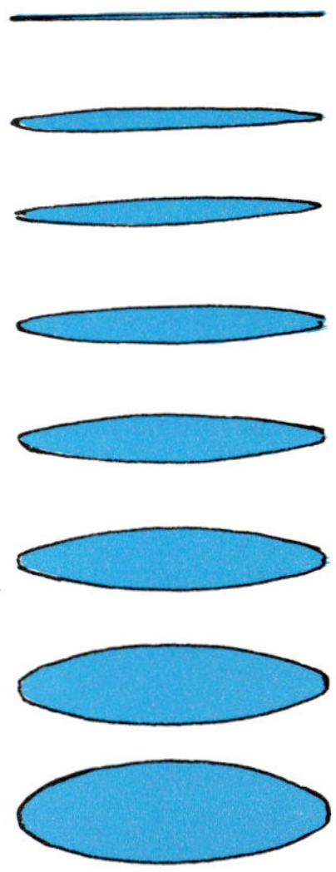

Abbildung 121: Hier besteht der Fehler darin, daß der obere Kreis in derselben perspektivischen Verkürzung gezeichnet wurde wie der untere. Zum besseren Verständnis ist rechts eine Säule von Kreisen, aus der Perspektive gesehen, abgebildet.

Abbildung 122: Können Sie ohne Schwierigkeiten eine Zeichnung aufbauen, können Sie unbesorgt zu malen beginnen. Dann überspringen Sie einfach die Vorbereitungsphase des Anlegens eines Schemas und des Aufbaus und malen die Teller, die Tasse, die Früchte oder auch kompliziertere Gegenstände unmittelbar. Dann kümmern Sie sich nur noch um das Volumen und die Farbe. jetzt – erst jetzt – dürfen Sie auch daran denken, die Formen zu verändern, von den Regeln der Perspektive beim Zeichnen abzuweichen und völlig frei zu arbeiten.

Dimensionen und Proportionen

Stellen Sie sich vor, Sie stehen vor der Staffelei und der weißen Leinwand und wollen gerade zu malen beginnen. Dabei setze ich voraus, daß Sie das Problem der Komposition und der Verteilung der Elemente, aus denen sich Ihr Modell zusammensetzt, zufriedenstellend gelöst haben... Nun tauchen die Probleme des eigentlichen Bildes auf. In welchen Proportionen möchten Sie das Modell wiedergeben? Welchen Platz muß es auf Ihrer Leinwand einnehmen? Die rechte Seite? Links, oben, unten? Als Antwort auf die erste Frage würde ich sagen, daß die Maße des Gegenstandes, den man malt, nie größer sein dürfen als die des Modells. Ein Fehler ist es außerdem, das Modell ganz klein in die Mitte einer großen Leinwand zu stellen (der sich in den allermeisten Fällen aus der Wahl einer zu großen Leinwand ergibt). Man sollte die Gegenstände jedoch auch nicht so groß malen, daß kein Rand mehr bleibt. Alle diese Probleme lassen sich mit Hilfe des alten Tricks des Papprahmens lösen, mit dem man das Modell einrahmen und seinen Platz und seine Proportionen im Bild bestimmen kann.

Abbildung 123: Ein weitverbreiteter Fehler des Hobbymalers besteht darin, daß er das Modell derart verkleinert, bis es völlig verloren auf der großen Leinwand wirkt. Um ihn zu vermeiden, sollte man die Gegenstände in ihrer normalen Größe abbilden und eine entsprechende Leinwand wählen (zum Beispiel Nr. 12).

Abbildung 124: Auch die bis zum Rand der Leinwand vergrößerte Wiedergabe des Modells ist unschön.

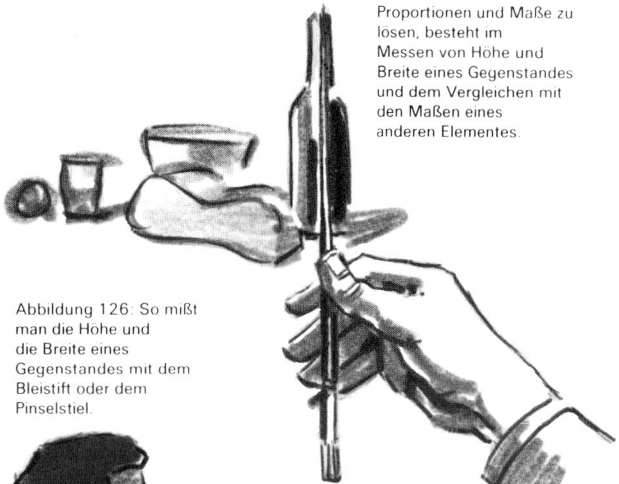

Abbildung 125: Eine herkömmliche Methode, das Problem der Proportionen und Maße zu lösen, besteht im Messen von Höhe und Breite eines Gegenstandes und dem Vergleichen mit den Maßen eines anderen Elementes.

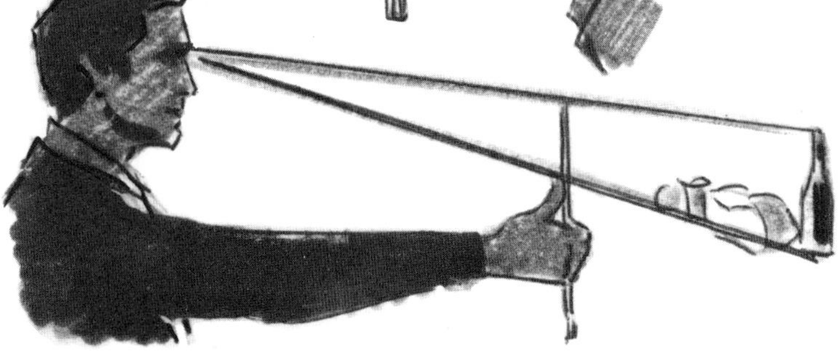

Abbildung 126: So mißt man die Höhe und die Breite eines Gegenstandes mit dem Bleistift oder dem Pinselstiel.

Abbildung 127: Zwei schwarze rechtwinkelige Pappstreifen bilden, korrekt übereinandergelegt, einen ausgezeichneten Rahmen zum Bestimmen des Ausschnitts und der Lage und der Proportionen des Modells im Bild.

Alle Probleme des Aufbaus oder – was dasselbe ist – des Zeichnens laufen auf drei "magische" Faktoren hinaus:

Die Berechnung der Maße durch

a) Vergleich der Abstände untereinander.
b) Suche nach Anhaltspunkten zum Anlegen von Grundlinien.
c) Ziehen imaginärer Linien, und die Lage einer Form im Verhältnis zu einer anderen zu bestimmen.

Der Rest ist nur eine Frage der Schnelligkeit und des Kopfrechnens. Man muß auf alles gleichzeitig achten, alles gleichzeitig sehen und stets das Gesamtbild im Auge behalten. Dazu zeichnet man, wie Ingres es seinen Schülern riet, am besten aus einer gewissen Entfernung und verwandelt sich in einen Riesen, der alles überschaut.

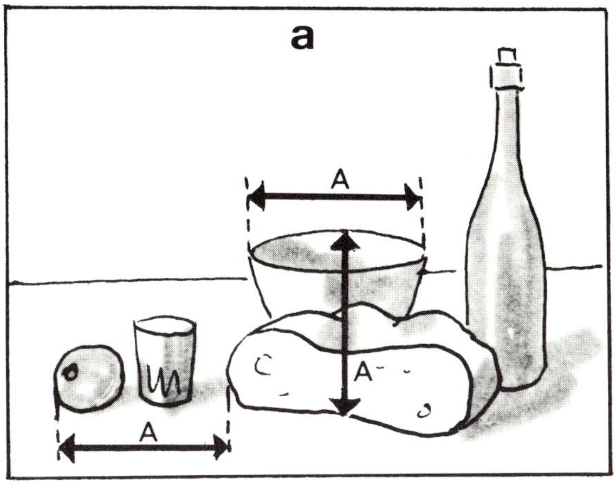

Abbildung 128: In allen Modellen lassen sich waagerechte und senkrechte Linien erkennen, mit deren Hilfe man die Abstände miteinander vergleichen kann.

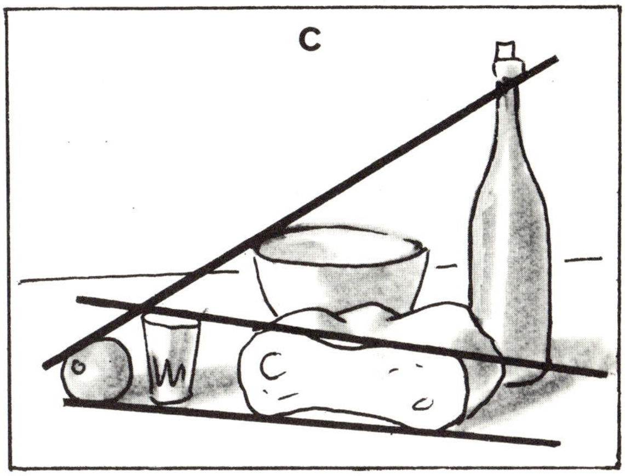

Abbildung 129: Suchen Sie sich Anhaltspunkte, und vergleichen Sie die Lage der Formen zueinander.

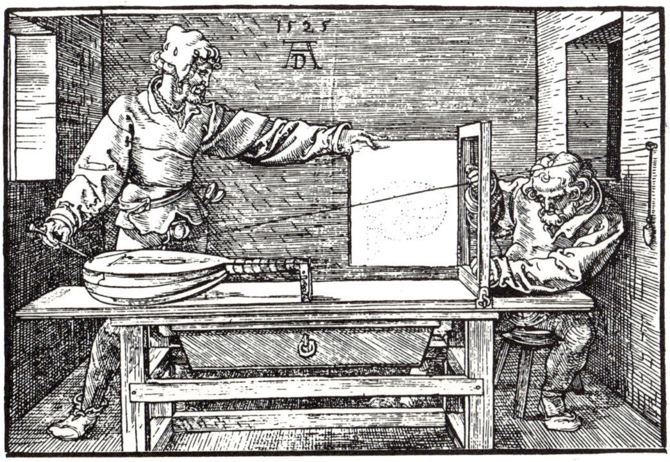

Abbildung 130: Albrecht Dürer, der berühmte Zeichner des 16. Jahrhunderts, ersann zahlreiche Vorrichtungen, um mechanisch wie mit einem Storchenschnabel zeichnen zu können. Bisher sind Dürers Erfindungen, wie auch die nebenstehend abgebildete, nur einfache Projekte ohne praktische Nutzanwendung geblieben.

Licht, Schatten, Tonwerte

Das Licht zeichnet und malt die Formen. Der Schatten hebt die Formen ab und erzeugt Volumen. Um das Volumen darzustellen, benutzen wir Töne unterschiedlicher Stärke: die Farbwerte. Das heißt, wir vergleichen und bewerten die Töne oder Nuancen. Wir geben ihnen einen Wert: dieser hier ist heller, jener dunkler etc. Der Wert spielt eine wesentliche Rolle. Später werden wir allerdings sehen, daß gewisse Malstile auch ohne die Wirkung von Licht und Schatten, also ohne Werte, ja selbst ohne Volumen auskommen. Ich betone jedoch, daß dies bewußt, also intelligent geschieht. Deshalb ist es absolut notwendig, alles über das Licht, den Schatten, die Werte und die Kontraste – mit einem Wort: über die Atmosphäre zu wissen.

Beachten Sie auf der untenstehenden Abbildung eines Apfels die entscheidenden Faktoren für das Volumen.

Abbildung 131: Das Volumen oder die Tiefenwirkung eines Körpers wird von einer ganzen Reihe von Faktoren bestimmt, die man beim Zeichnen oder Malen kennen muß.

Abbildung 132: Man kann die Stärke des Lichtes erhöhen, indem man einfach einen weißen Schirm in die Nähe des Modells stellt (zum Beispiel eine vorbereitete weiße Leinwand). Aber Achtung! Die Wirkung muß genau kontrolliert werden; denn zu stark reflektiertes Licht zerstört das Volumen und wirkt falsch. Ingres sagte in diesem Zusammenhang, ein Übermaß an reflektiertem Licht auf den Schattenstellen eines Gegenstandes sei "der Majestät der Kunst unwürdig".

Die Darstellung des Volumens beruht auf der Kenntnis und der Anwendung der unterschiedlichen Wirkung von Licht, Schatten und Tonwerten. Das wollen wir jetzt durch Beobachten und Vergleichen der verschiedenen Töne, die auf einen Gegenstand erscheinen, näher untersuchen. Dabei lassen wir die zahlreichen Nuancen beiseite. Mit fünf Grautönen sowie Schwarz und Weiß kann man praktisch die gesamte Werteskala des Modells wiedergeben.

Abbildung 133: Hier eine interessante Übung. Malen Sie wie ich nur mit Schwarz und Weiß einen Apfel, wie nebenstehend abgebildet. Sie werden bestätigt bekommen, daß man nicht mit Dutzenden von Tönen zu arbeiten braucht. Bereits eine geringe Anzahl genügt, um ein Gefühl von Tiefenwirkung zu erzeugen.

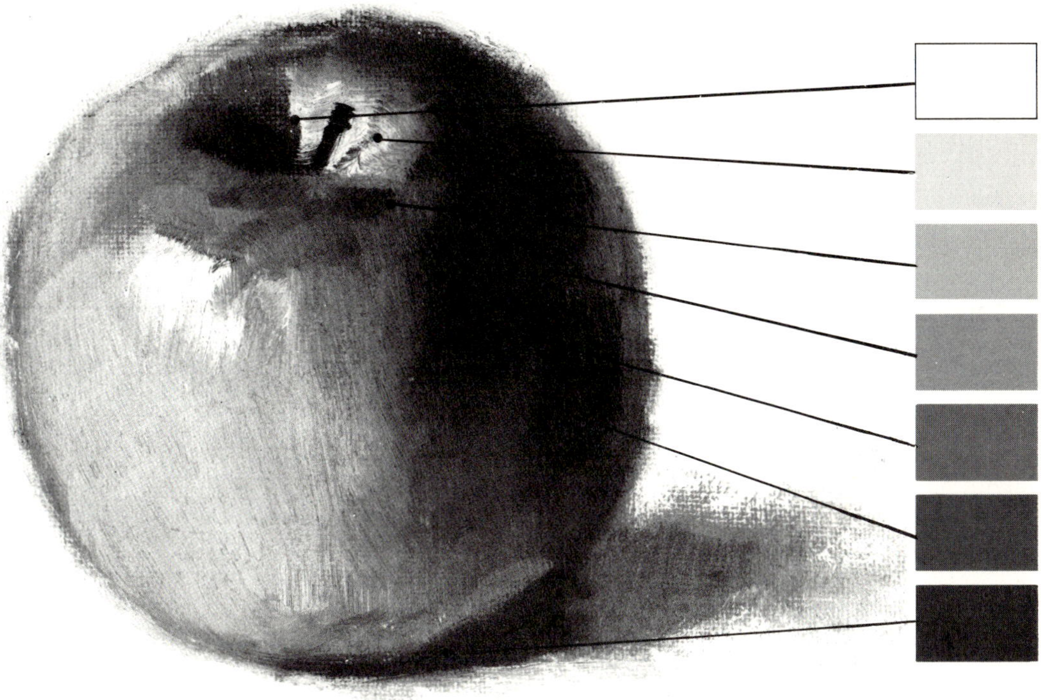

Abbildung 134: Eine gute Methode, die Tonwerte voneinander zu trennen, besteht darin, das Modell mit zusammengekniffenen Augen zu betrachten. Dadurch verschwinden die geringeren Nuancen, und die Tonalität, die das Volumen erzeugt, tritt deutlicher zutage. Auf diese Weise erhält man sozusagen eine Gesamtvision.

Der Kontrast

Die Tonwerte beeinflussen die Kontraste, und diese bestimmen wiederum das Gefühl eines Volumens.

Abbildung 135. Schlecht: ein Bild ohne Kontraste, das durch zu starke Tonwerte entstanden ist. Es gibt weder ein mittleres noch ein helles Grau. Dies ist ein weitverbreiteter Fehler des unerfahrenen Hobbymalers, der zuviel Schwarz und zu viele dunkle Farben verwendet.

Abbildung 136. Schlecht: Hier besteht ein übermäßiger Kontrast zwischen den Halbtönen und den kaum kolorierten hellen Tönen, einem gipsartigen Weiß. Das Bild wirkt "mehlig" und dünn. Der Buckel mag noch so intensiv sein, er erzeugt kein Gefühl von Volumen.

Die Atmosphäre

Entsteht in einem Bild ein Gefühl von Weite und Tiefe, verstärken sich die Kontraste der nahegelegenen Gegenstände im Vordergrund, während die fernliegenden Objekte farbloser erscheinen. Sie wirken grauer. Wir werden später anhand einiger praktischer Beispiele näher auf diese wichtige Feststellung eingehen.
Jetzt sei nur darauf hingewiesen, daß ein Gefühl von Weite auch durch verschwommene Konturen im Hintergrund entsteht.

Abbildung 137. Schlecht: Dieser strikte Stil, der das Modell hart wie Eisen wirken läßt, paßt nicht zu einem guten Maler. Diesem Apfel "fehlt die Luft". Er müßte abgestuft werden, und man müßte die Konturen verwischen, damit das Licht vibriert und dem Betrachter das Gefühl vermittelt, er könne um den Apfel herumgehen.

Abbildung 138. Gut: Vergleichen Sie diesen Apfel mit den vorherigen. Hier sind die Konturen verwischt und fließend. Das führt zu einer wirklichkeitsnaheren Wiedergabe des Modells und enspricht, wenn es gut ausgeführt wird, der Spontanität und der Auffassung eines heutigen Künstlers.

Das Anlegen von Kontrasten

Legen wir den Apfel nun auf einen Untergrund, der auch dem Hintergrund eines Stillebens entsprechen könnte. Hat er dieselben Farben und dieselben Farbtonwerte wie der Apfel, hebt sich die Frucht kaum ab. Sie scheint wie an den Boden geklebt, als sei keinerlei Weite dahinter (Abbildung 139).

In solch einem Fall muß man Kontraste schaffen, die im Modell selbst nicht vorhanden sind. Dazu ein Trick, den alle Kunstmaler kennen und in der Praxis auch anwenden. Auf Abbildung 140 sehen Sie, daß der Hintergrund an der Begrenzung zur beleuchteten Seite des Apfels etwas dunkler ist (A) und auf der Schattenseite der Frucht etwas aufgehellt wurde (B). Auf diese Weise hebt sich das Modell besser ab. Ähnliche Wirkungen ergeben sich an den Stellen C und D.

139

140

141

Ein praktisches Beispiel

Das obenabgebildete Stilleben habe ich als Zusammenfassung der Ratschläge über das Licht, den Schatten, die Tonwerte, die Kontraste und die Atmosphäre gemalt. Beachten Sie die einzelnen Punkte.

Auf dieser einfachen Weintraube finden Sie bewußt angelegte Kontraste: den "Bukkel", ein Spitzlicht, den Eigenschatten und einen Wurfschatten, kurz alle Wirkungen im Spiel von Licht und Schatten.

142

Das reflektierte Licht auf der Schattenseite des Apfels war nicht durch das Modell vorgegeben. Ich habe diesen dunklen Kontrast eingebracht, um die Begrenzung des Apfels zu betonen und die Frucht vom Hintergrund abzuheben.

Um die Formen voneinander zu unterscheiden und gegeneinander abzuheben, ist es manchmal angebracht, wie bei diesem Wasserkrug und der Birne, die Konturen auf der beleuchteten Seite zu unterstreichen.

Die Wirkung des "Buckels" wird hier von der Falte des Tischtuches verstärkt, die das Gefühl eines Volumens unterstützt.

Die Darstellung dieser einzelnen Weintrauben ist ein gutes Beispiel für das reflektierte Licht.

Die Konturen im Hintergrund müssen fließender sein als die des Vordergrundes. Beachten Sie, daß die hintenliegende Kante des Tischtuches aus einer ungenauen, verschwommenen Linie besteht. Dasselbe ist auch an den zurückliegenden Stellen des Vordergrundes zu bemerken.

Eine praktische Übung

Eine allgemein verbreitete Übung in zahlreichen Kunstakademien, die alle Künstler irgendwann durchführen mußten, besteht im Zeichnen und Malen von Faltenwürfen (wie das Tischtuch des Stillebens auf der vorigen Seite). Erinnern wir uns – um nur ein einziges Beispiel zu nennen –, daß Cézanne seine meisten Stilleben mit einem Tischtuch, mit Gardinen oder anderen Faltenwürfen als Hintergrund malte.

Ein weißes oder helles einfarbiges, gut drapiertes Tuch ist ein ausgezeichnetes Modell für das Spiel von Licht und Schatten.

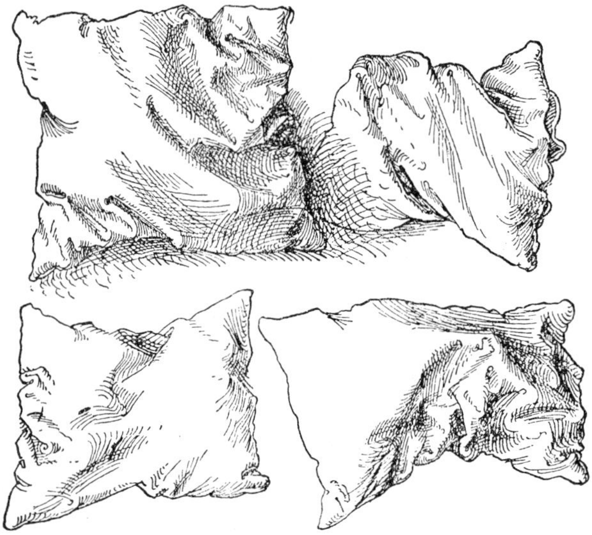

Abbildung 143: Der berühmte deutsche Zeichner und Maler Albrecht Dürer zeichnete während seiner Lehrjahre diese Kissen, um die Wirkung von Licht und Schatten, die sie erzeugten, zu untersuchen.

Abbildung 144: Hier eine sehr gute Übung, die Leonardo da Vinci in seiner Jugend ausführte: "Studie eines Faltenwurfes für eine sitzende Figur" mit Temperafarbe und weißer Kreide auf grauem Papier.

Abbildung 145: Und nun sind Sie an der Reihe. Drapieren Sie ein Laken oder ein Tischtuch auf Ihrem Arbeitstisch, und legen Sie ein paar Gegenstände darunter; oder lassen Sie das Tuch auf einer Seite herunterhängen, damit Sie Unebenheiten und Falten erhalten. Malen Sie ohne Vorzeichnung sofort mit Farbe. Das ist ein sehr nützliches Training. Sie gewinnen dadurch an Erfahrung.

Wahl des Modells und Komposition

Eine Frage des Vorstellungsvermögens

Sie brauchen nicht außer Haus zu gehen, um ein Modell für Ihr Stilleben zu finden. In Ihrem Wohn- oder Eßzimmer gibt es gewiß Bücher, einen Aschenbecher, einen Krug und vielleicht auch eine Vase mit Blumen. In der Küche haben Sie Flaschen, Flakons, Deckelgläser, Kasserolen, Terrinen, Tassen, Teller, Gläser etc...

Und aus dem Kühlschrank eignen sich Früchte, Gemüse, Fische oder auch Eier fur ein Stilleben. Wer ein solches Modell zusammenstellen möchte, sollte also am besten einmal einen Streifzug durch seine Wohnung machen und hoffen, daß die Gegenstände, die er auswählt, auch andere Betrachter ansprechen.

Ich möchte an dieser Stelle jedoch hinzufügen, daß der Kunstmaler in der Regel anders verfährt. Ihm schwebt zunächst ein bestimmtes Thema vor, für das er dann die entsprechenden Elemente seiner Komposition zusammenträgt. Anschließend betrachtet er die Formen, die Struktur und die Beleuchtung. (Es ist gut möglich, daß er in diesem Stadium zunächst eine Skizze anfertigt.) Gleichzeitig versucht er, sich die Farben und die harmonische Farbskala dafür vorzustellen. Und danach — ja, danach kann der Fall eintreten, daß ihm neue Formen und neue Farben einfallen, die seine Eingangsidee noch bereichern.

Abbildung 146: Manche zeitgenössischen Künstler stehen auf dem Standpunkt, daß man ein Modell nicht wählen oder suchen darf, sondern es zufällig finden muß. Also entsprechend Picassos berühmter Aussage: "Ich suche nicht, ich finde." So können die Reste, die sich nach einer Mahlzeit noch auf dem Tisch befinden, ein ausgezeichnetes Stilleben darstellen, vorausgesetzt, die Farben, die Beleuchtung und die zufällige Anordnung der Gegenstände passen zu einer modernen Bildauffassung.

Abbildung 147 (A): So gewöhnliche Gegenstände wie eine Vase oder ein nach Möglichkeit noch unbenutzter Krug auf der Ecke einer Anrichte etc. können zu einem sehr guten Modell werden.

148

Abbildung 148: Um sich ein Thema wie das oben abgebildete vorzustellen, benötigt man nicht viel Fantasie. Es genügt, einen Gegenstand in Beziehung zu anderen derselben "Familie" zu setzen.

Abbildung 149: Oben ein Modell, dessen Zusammenstellung von der Farbe bestimmt wird; das Modell unten wurde wegen seiner Nüchternheit und Einfachheit gewählt.

Abbildung 147 (B): Die Auswahl der Gegenstände setzt eine Beziehung untereinander sowie in der Form und der Farbe voraus. Diese verstärkt die Komposition und die Thematik des Bildes.

Zusammenhalt, Themen und Motive

Paul Cézanne schrieb in einem Brief an seinen Sohn über die Wahl eines Themas: "Es gibt unendlich viele Themen; dasselbe Thema unter verschiedenen Blickwinkeln betrachtet, ergibt so unterschiedliche und interessante Studien, daß ich monatelang arbeiten könnte, ohne den Platz zu verändern. Ich brauchte mich nur ein wenig nach rechts oder links zu lehnen..." Der Gedanke, den Cézanne hier ausspricht, wurde von Renoir aufgegriffen. Themen gibt es überall; man kann alles malen. "Themen? Mir genügt jedes Paar Schenkel!" Ohne jeden Zweifel hat Cézanne jedoch wie alle Impressionisten, die Stilleben malten, sein Thema vorab genau untersucht und Elemente gewählt, die mehr oder weniger einen Zusammenhang besaßen. Sie stellten sich zumindest einen Titel vor, der unter dem Bild stehen könnte. Sie zwangen sich, ihr Stilleben so zu komponieren, daß die einzelnen Objekte untereinander abgestimmt waren.

Abbildung 150. Die Beziehung der verschiedenen Elemente untereinander macht das Thema dieser Komposition klar.

153

Abbildung 151 und 152. (gegenüberliegende Seite): "Stilleben mit Früchten" könnte man das Modell auf der oberen Abbildung nennen. Das untere Modell könnte dagegen den Titel "Die Musik" oder "Stilleben mit Flöte" tragen. In beiden Fällen ist eine inhaltliche Einheit erreicht. Sie entsteht in dem Stilleben mit Früchten durch die Skala mit den warmen Farben und in dem Musikthema durch die kalten Farben.

Abbildung 153: Der Zusammenhalt dieser Komposition eines Stillebens mit einer Vase und Früchten ist vielleicht relativ. Doch hinsichtlich der Beleuchtung und der Einfachheit ist es sehr modern.

151

152

Die Einteilung der Farben

Es ist unübersehbar, daß in den Werken der großen Meister, eingeschlossen die modernsten, eine gewisse Ordnung in den Farben herrscht. Sie entsteht aus einer dominierenden Farbe, aus der sich eine ganze Farbskala entwickelt, also eine Folge von perfekt geordneten Farben und Farbtonwerten.

So spricht man von warmen, kalten und gebrochenen Farben, die folgenden Skalen entsprechen:

a) **Skala der warmen Farben** (Dominante Rot): Sie setzt sich zusammen aus Hellgrün, Gelb, Orange, Rot, Karmin, Purpur und Violett;
b) **Skala der kalten Farben** (Dominante Blau): Sie setzt sich zusammen aus Hellgrün, Grün, Smaragdgrün, Preußischblau, Kobaltblau, Ultramarin und Violett.
c) **Skala der gebrochenen Farben** (Dominante Grau): Sie besteht aus einer Mischung der Komplementärfarben zu ungleichen Teilen (und mehr oder weniger Weiß). Auf diese Weise erhält man Nuancen in gebrochenen Farben von einem großen chromatischen Reichtum.

Wie bereits auf Seite 68 erwähnt, denkt der Künstler schon bei der Wahl seines Themas an die Farbe und die allgemeine Tendenz der Töne, die sich dann in der Skala der warmen, der kalten oder der gebrochenen Farben ausdrückt.

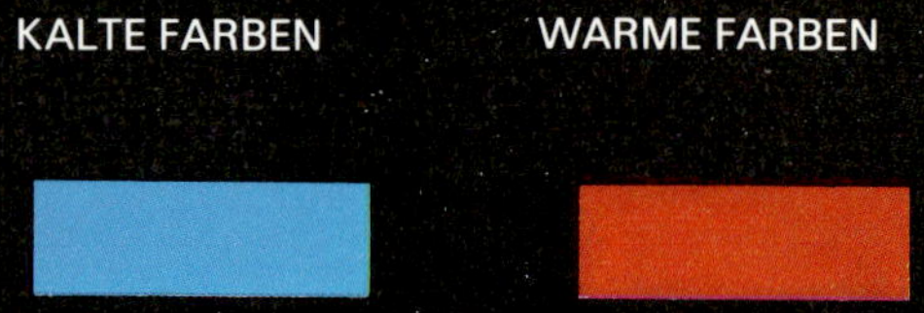

Abbildung 154: Die Skala der kalten Farben hat Blau als Dominante.

Abbildung 155: Die Skala der warmen Farben hat Rot als Dominante.

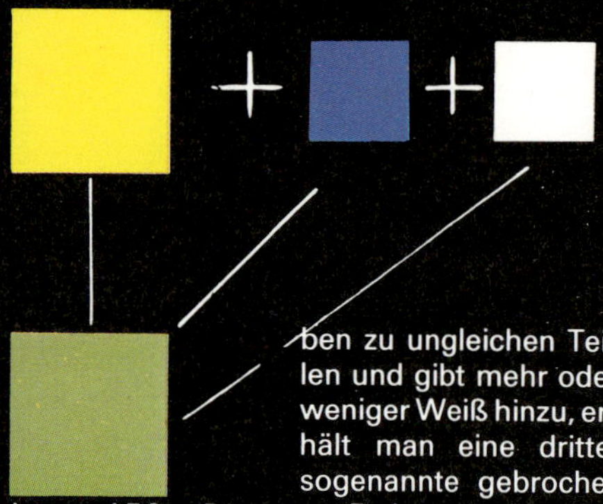

Abbildung 156: Die Skala der gebrochenen Farben. Mischt man zwei Komplementärfarben zu ungleichen Teilen und gibt mehr oder weniger Weiß hinzu, erhält man eine dritte, sogenannte gebrochene Farbe mit Grau als Dominante. (Man spricht dann von einem farbigen Grau).

Abbildung 157: Auf der gegenüberliegenden Seite sehen Sie oben ein Stilleben, das zur Skala der warmen Farben gehört. Das ist einerseits die Folge einer wohlüberlegten Beleuchtung (das künstliche Licht kommt von der Linken Seite) und andererseits der Wahl der Elemente, deren Farben von Rot, Siena und Orangetönen bis Ocker und Gelb reichen.

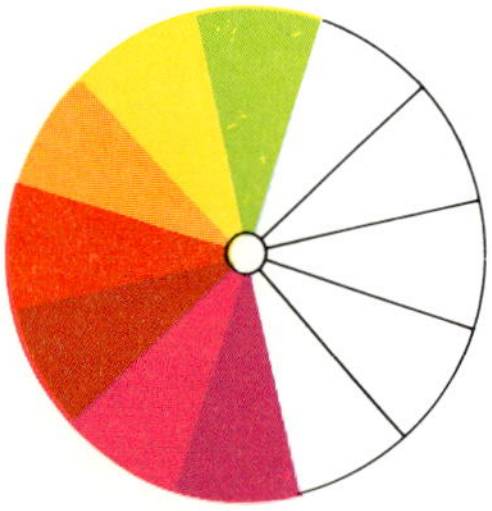

Abbildung 158: Das Stilleben auf der gegenüberliegenden Seite unten ist aus der Skala der kalten Farben zusammengestellt worden. Es besteht aus Elementen, deren Farben entweder neutral oder blaustichig sind: der Tisch, der Fisch und die Petersilie, das Tischtuch im Vordergrund, der Tonkrug und die Kristallkaraffe. Aus dieser Komposition ergibt sich bereits eine Tendenz, die der Künstler unbedingt noch verstärken muß. Wir behandeln dieses Thema auf den folgenden Seiten.

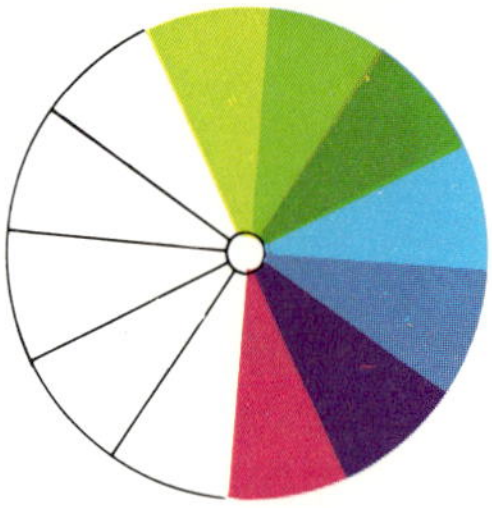

157

158

Die Einteilung der Farben

Abbildung 159: Als Ergänzung zu den vorigen Abbildungen (157 und 158) hier ein Beispiel in gebrochenen Farben aus einer Mischung von Komplementärfarben zu ungleichen Teilen, zu der man mehr oder weniger Weiß gibt.

Abbildung 160 (unten): Die künstlerischen Normen und Gesetze dürfen niemals zu absoluten Regeln erhoben werden. Man kann sogar sagen, daß sich das künstlerische Genie in seinen herausragendsten Werken außerhalb der Normen bewegt. In diesem Stilleben ist ein Bild völlig in den warmen Farben Rot, Ocker und Gelb angelegt. Trotzdem fügt sich der Flakon mit der blauen Flüssigkeit vollkommen in die allgemeine Harmonie ein.

Was heißt Komponieren?

Komponieren in unserem Sinne bedeutet, ein Modell zusammenzustellen, den Hintergrund, die Farben und das Licht zu wählen. "Es heißt, ein Gleichgewicht, eine Verhältnismäßigkeit, also die Schönheit zu suchen." (Jean Guitton) Man geht also davon aus, daß Schönheit in Ordnung und Einheit zu finden ist. "Aber Einheit birgt auch Risiken in sich", erklärt René Huyghe. "Wird sie ins Extrem geführt, erzeugt sie Dürftigkeit. Man muß daher Einheit mit Vielfalt bereichern."

Der griechische Philosoph Platon sprach diesen Gedanken schon vor zweitausend Jahren aus:

"Komponieren heißt, Einheit in der Vielfalt zu begegnen und darzustellen."

Man sollte daher das Modell, den Hintergrund, das Licht und die Farben so zu einem Ganzen formen, daß das Motiv weder monoton noch langweilig wirkt, noch aufgrund eines Übermaßes an Ordnung und Einheit zuviel Gewicht bekommt. Andererseits darf man auch nicht in das Gegenteil verfallen und eine zu verstreute und verwirrende Verteilung wählen. Genau den mittleren Weg gilt es zu finden, und das ist nicht einfach.

161.

162

Abbildung 161. Schlecht: Ein Übermaß an Einheit. Die Kompositon hat nichts Originelles. Sie ist langweilig und uninteressant. Der Horizont schneidet das Bild durch. Die Schale und die Früchte bilden einen einzigen Block, wie aus der Skizze deutlich hervorgeht.

Abbildung 162. Schlecht: Übermaß an Diversität. Hier sind die Elemente zu verstreut. Der Blick wandert herum, anstatt das Thema global und verständlich zu erfassen.

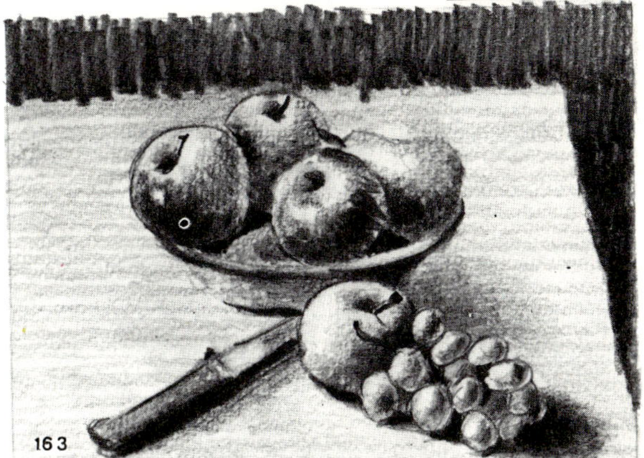
163

164

Abbildung 163. Schlecht: Übermaß an Einheit. Die übertriebene Ordnung wird hier durch eine scheinbare Vielfalt vertuscht. Doch sie existiert nicht wirklich. Das nebenstehende Schema zeigt, daß das Bild zu geometrisch angelegt ist.

Abbildung 164. Gut: Ein Beispiel für Einheit und Vielfalt. Man braucht nur das nebenstehende Schema mit den anderen zu vergleichen, um festzustellen, daß einerseits eine gewisse Ordnung in dem Modell vorhanden ist, die Anordnung, die Lage und die Beleuchtung der einzelnen Bestandteile des Bildes aber trotzdem eine Vielfalt aufweisen.

Das Gesetz der Goldenen Ziffer

Sie befinden sich vor Ihrer weißen Leinwand und wollen anfangen, Ihr Modell zu zeichnen. Wo muß die Zeichnung liegen? In der Mitte der Leinwand? Mehr nach oben oder nach unten? Auf der rechten oder der linken Seite? Das ist eine schwierige Frage, auf die der römische Architekt Vitruv mit einer Regel antwortete, dem

Gesetz der Goldenen Ziffer

Damit eine in ungleiche Abschnitte eingeteilte Fläche angenehm und ästhetisch wirkt, muß zwischen der kleinsten und der größten Fläche dasselbe Verhältnis bestehen wie zwischen der größten und der Gesamtfläche.

Um diese ideale Aufteilung zu erreichen, multipliziert man die Breite der Leinwand mit dem Faktor 0,618. Mit anderen Worten: das arithmetrische Mittel dieser Beziehung ist gleich 0,618. Ein Beispiel: Das Rechteck auf Abbildung 168 A ist 40 Millimeter breit. Multipliziert man 40 mit 0,618, erhält man 25 Millimeter mit einem Rest von 5.

Wichtig ist, daß dieselbe Teilung in ungleiche Abschnitte auch in der Höhe erfolgt. Auf diese Weise erhält man einen "Goldenen Punkt" (Abbildung 168 B), auf den man den Brennpunkt des Bildes legen sollte. Abbildung 168 C zeigt, daß jede zweidimensionale Fläche vier Goldene Punkte aufweist, von denen man jenen wählen muß, der am besten zu der eigenen Komposition paßt.

168

A

B

C

Abbildung 165: Hier liegt das Modell in der Mitte der Leinwand, und der Horizont teilt das Bild in zwei Hälften. Das ist keine gute Lösung.

Abbildung 166: Auch das Modell auf einer Seite zu plazieren, um durch Asymmetrie Vielfalt zu erzeugen, erweist sich nicht immer als glücklich.

Abbildung 167: Wendet man das Gesetz der Goldenen Ziffer an, erreicht man praktisch immer automatisch die beste Aufteilung einer Fläche.

Die Schemata

In allen Bildern findet sich ein mehr oder weniger klar erkennbares Schema. Je nach dieser Aufteilung erweist sich die Komposition als angenehm oder nicht. Es scheint erwiesen, daß das Gelingen einer Komposition in direkter Beziehung zur Einfachheit ihrer Darstellung steht. Untersuchungen von Fischer haben aufgezeigt, daß sich von ihm befragte Personen, die zwischen einer abstrakten, einer natürlichen und einer geometrischen Form wählen mußten, bevorzugt für die geometrische Form entschieden (Abbildung 169). Fischer führt diese Haltung auf das Prinzip des geringsten Aufwandes zurück ("Maximaler Nutzen mit minimalem Aufwand."). René Huyghe greift diesen Gedanken auf: "Je stärker sich eine Form der Geometrie nähert, desto mehr fördert sie die Fähigkeit des Geistes, einen realistischen Komplex auf eine elementare Form zu reduzieren."

Rembrandt nahm diese Schlußfolgerung bereits vorweg, als er seinen Schülern schon im 17. Jahrhundert das Dreieck als Grundschema einer Komposition vorschrieb.

Versuchen Sie also, Ihrer Komposition von vornherein ein geometrisches Schema analog jenen, die auf dieser Seite abgebildet sind, zugrunde zu legen.

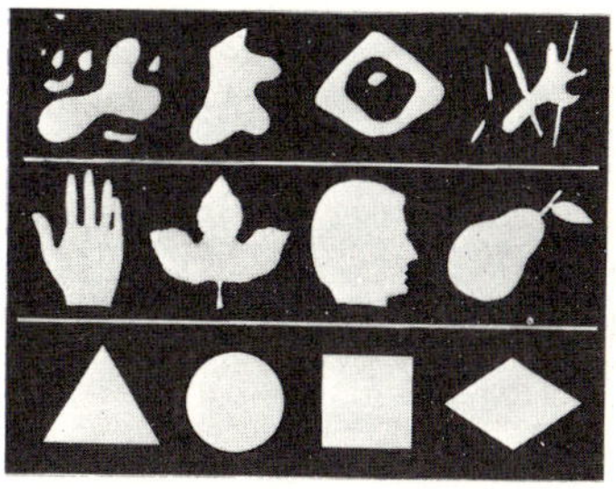

Abbildung 169: Nach Fischer gibt der Betrachter von den drei nebenstehend abgebildeten, Grundformen normalerweise dem geometrischen Schema den Vorzug.

Abbildung 170: Diese Abbildung zeigt Rembrandts Kompositionsschema: ein Dreieck oder eine diagonale Linie teilen das Viereck in zwei gleiche Teile, die normalerweise einer hellen und einer dunklen Zone entsprechen.

Abbildung 171: L-förmige Komposition, eine Variation des vorigen Schemas. Sie weist aufgrund ihrer Asymetrie eine größere Vielfalt auf.

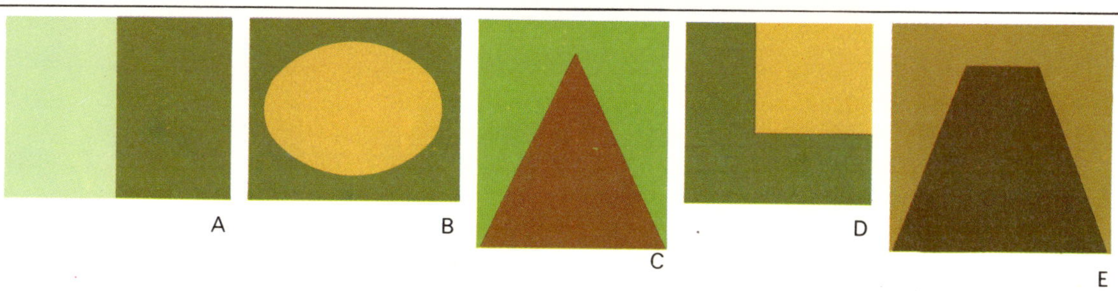

Abbildung 172: Ein in Licht und Schatten eingeteiltes Rechteck (A), eine Ellipse auf dunklem Grund (B), eine Pyramide (C), eine L-Form (D), ein Kugelstumpf (E) etc. können ebenfalls das Grundschema einer Komposition ergeben.

Symmetrie – Asymmetrie

Wie bekannt, gruppieren sich die Bildelemente in einer symmetrischen Komposition zu beiden Seiten einer Mittelachse, so daß die Bildhälften einander entsprechen. Es ist daher leicht verständlich, daß Symmetrie hier praktisch mit Einheit gleichzusetzen ist, während die Asymmetrie, also die freie, intuitive Verteilung der Elemente unter Wahrung eines Gleichgewichtes zwischen beiden Seiten ein Synonym für Vielfalt bedeutet.

Vor die Wahl gestellt, bevorzugt die Mehrzahl der Künstler die asymmetrische Form für ihre Komposition. Sie ist dynamischer und wirkungsvoller und läßt der Kreativität des Malers mehr Spielraum. Es sollte jedoch nicht außer acht gelassen werden, daß man in bestimmten Fällen zwangsläufig die ausgesprochen starre, ja selbst in ihrer Steifheit naive symmetrische Form verwenden muß. Man kann dann höchstens versuchen, die strenge Komposition durch eine Umverteilung der Elemente ein wenig aufzulockern.

Abbildung 173. Oben: Bei einer Vase mit Blumen läßt sich die Symmetrie schwer vermeiden. Es gibt jedoch die Möglichkeit, eine einzelne Blume oder ein anderes Element zu Füßen der Vase zu plazieren, um die strikte Symmetrie aufzulockern.

Abbildung 174. Rechts: Asymmetrie als Synonym der Vielfalt paßt eher zur Freiheit des Ausdrucks, also zur Innovation und zum Experiment. In diesem Beispiel scheint die Komposition zufällig zu sein: in Wirklichkeit ist sie jedoch das Ergebnis einer gründlichen Überlegung.

Symmetrie – Asymmetrie

Abbildung 175: **Symmetrische Verteilung**
Verteilt man die Elemente eines Modells strikt zu beiden Seiten einer Mittelachse, drängt sich auch dann das Gefühl einer Symmetrie auf, wenn sich die Elemente nicht ganz genau entsprechen.

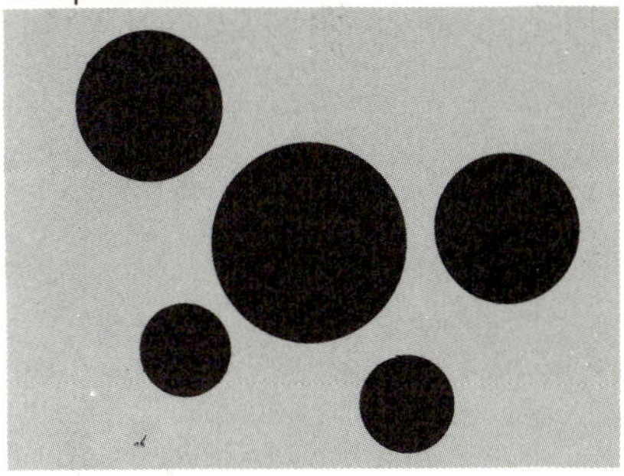

Abbildung 176: **Asymmetrische Verteilung**
Beinhaltet die Verteilung der Elemente eine gewisse Abwechselung, verschwindet der Eindruck einer Symmetrie rasch.

Abbildung 177: Symmetrie und Asymmetrie hängen von verschiedenen Faktoren ab. Man unterstreicht die Symmetrie, indem man das Modell in Augenhöhe betrachtet, also ohne jede Perspektive. Desgleichen betont man sie, wenn man ein Element so plaziert, daß es in sich ebenfalls symmetrisch wirkt. Beispiel: Ein Krug mit zwei Henkeln, genau von vorn gesehen.

Die Wahl des Lichtes

Bei der Komposition eines Stillebens stellt man nicht nur die einzelnen Bestandteile entsprechend dem eigenen Geschmack zusammen, man kann auch die Beleuchtung, das heißt die Qualität, die Art und die Richtung des Lichtes bestimmen.

Die Art des Lichtes. Das Licht kann natürlich oder künstlich sein. Bei natürlichem Licht zu malen, ist im Prinzip einfacher; denn es hat eine bessere Qualität, und seine Streuung ist gleichmäßiger. Tageslicht ist weicher; es ruft keine unpassenden Reflexe hervor und ist im allgemeinen malerischer. Arbeitet man bei Tageslicht, sind die Töne wirklichkeitsnäher. Kunstlicht ruft leicht einen Orangestich hervor; doch der ist nur von geringem Nachteil. Abgesehen davon, daß sich mit Orange als Dominante eine Skala herrlicher Farben erzielen läßt (erinnern wir uns, daß Picasso bei Gasbeleuchtung arbeitete und daraus die Werke seiner Blauen Periode entstanden), ist der Künstler durchaus in der Lage, diesen Farbstich zu korrigieren oder zu modifizieren. Neben der Tatsache, daß sich mit künstlicher Beleuchtung bestimmte, genau zu berechnende Effekte erzielen lassen, liegt der wesentliche Vorteil dieses Lichtes darin, daß man zu jeder Tages-und Nachtzeit arbeiten kann.

Die Qualität des Lichtes. Hier müssen wir das diffuse Licht und die direkte Beleuchtung unterscheiden. Erhellt das natürliche Licht ein Modell innerhalb des Hauses, handelt es sich immer um eine diffuse Beleuchtung. (Es sei denn, die Sonnenstrahlen fallen direkt auf das Modell. In diesem Fall ist vom Malen abzuraten, da die Kontraste zu stark sind.) Künstliches Licht beleuchtet immer direkt. Es ist härter und folglich nicht ganz so plastisch. Die Wirkung von Licht und Schatten ist geringer und führt, insgesamt gesehen, zu einer Synthese des Volumens. Dieser Effekt kann nützlich sein, wenn man sich in einem bestimmten Stil ausdrücken möchte.

Die Richtung des Lichtes. Sie ist ebenfalls ein malerischer Ausdrucksfaktor. Frontales Licht ist immer koloristisch, also eher die adäquate Beleuchtung zum Malen als zum Zeichnen. Das schräg von vorn fallende Licht hebt stark hervor und bringt die Form und das Volumen der Körper besser zum Ausdruck. Eine Lichtquelle hinter dem Modell – also Gegenlicht – drückt mehr als jedes andere je nach Helligkeit des Hintergrunds ein Gefühl zarter Intimität oder inniger Lyrik aus.

Wählen Sie die Beleuchtung sehr sorgfältig. Doch studieren Sie vorab anhand der auf diesen beiden Seiten gezeigten Beispiele die Wirkung und die Möglichkeiten. Beachten Sie, daß das endgültige Ergebnis Ihres Werkes zum großen Teil von der Beleuchtung abhängt.

Abbildung 178. *Frontallicht:* ein hervorragendes koloristisches Licht. Dieses Licht benutzen die Fauvisten und alle, nach deren Auffassung die Farbe allein genügt, um die Form auszudrücken – die also das Spiel von Licht und Schatten außer acht lassen. Dieses Licht wählten auch die Nachimpressionisten van Gogh, Gauguin, Vlaminck und Matisse. Man kann heute durchaus noch darauf zurückgreifen.

Die Wahl des Lichtes

Abbildung 179. *Seitliches Licht (natürlich):* Dies ist die Beleuchtung der Valeuristen, also all jener, die die Form der Körper im wesentlichen durch die Wirkung von Licht und Schatten und mit Hilfe einer diffusen Beleuchtung ausdrücken, die wie in diesem Beispiel —durch ein Fenster hereinfallen kann. Wie zu erkennen, führt ein solches Licht zu einer gewissen Undeutlichkeit an der Begrenzung der Wurfschatten (siehe Wirkung auf dem Tischtuch). Es handelt sich um die klassische und daher heute wenig aktuelle Beleuchtung, obwohl die meisten zeitgenössischen figurativen Maler in ihren Gemälden die Wirkung von Licht und ◀ Schatten wiedergeben.

Abbildung 180. *Seitliches Licht (künstlich):* Im Verhältnis zur vorigen Abbildung (179) sind die Kontraste hier verstärkt. Die Farben sind brillanter, die Schatten dichter, vor allem aber kürzer. Das reflektierte Licht ist intensiver (siehe die Helligkeit unten an der Fruchtschale). Alle diese Effekte kann der Künstler auf unterschiedliche Weise korrigieren oder interpretieren.

Abbildung 181. *Künstliche Lichtquelle hinter dem Modell (Gegenlicht):* Hier wird die dramatische Wirkung durch die Qualität des künstlichen Lichtes deutlich, das außerordentliche Kontraste zwischen Licht und Schatten hervorruft. Zusammen mit dem natürlichen Licht führt das künstliche Gegenlicht zu einem weichen, intimen Gesamteindruck, der einem zeitgenössischen Stil eines Stillebens angemessen ist (siehe Abbildung 151 und 174).

Abbildung 182. *Künstliches Gegenlicht mit reflektierendem Schirm:* Das Stilleben wird hier ebenso wie in ► Abbildung 181 von einer Lichtquelle oberhalb des Tisches angestrahlt. Hinzu kommt jedoch ein reflektierender Schirm. Dieser besteht aus einem Keilrahmen Nummer 2 mit einer grundierten weißen Leinwand, der vor das Modell der Lichtquelle gegenübergestellt wird, um die schmeichelnden Reflexe zu erzielen. Dadurch werden die außerordentlichen Kontraste auf Abbildung 181 gemildert.

Überlagerung von Ebenen

Sind die Elemente eines Stillebens – oder irgendeines anderen Themas, denn das gilt für alle – zu verstreut und ohne inneren Zusammenhalt, entsteht ein Übermaß an Vielfalt. Dieser Mangel läßt sich, wie Sie bereits wissen, abstellen, indem man die verschiedenen Elemente zusammenfaßt und hintereinanderstellt. Diese Überlagerung ist gleichzeitig ein Mittel, das Gefühl von Tiefe zu unterstreichen.

Legt man eine Frucht vor die andere und stellt einen Krug dahinter – überlagert man also mehrere Ebenen –, deutet man die Existenz eines Vordergrundes, eines Mittelgrundes und eines Hintergrundes an. Die Illustrationen auf dieser Seite zeigen, wie sich das wichtige Problem der dritten Dimension im Bild lösen läßt.

Abbildung 183: Stellen Sie sich diese Flächen als Gegenstände oder Elemente eines Stilleben vor. Sie erkennen, daß sie derart nebeneinandergestellt keinerlei Gefühl von Tiefe vermitteln.

Abbildung 184: Gruppiert man diese Elemente, konzentriert man das Interesse schon stärker. Trotzdem ist das Gefühl einer dritten Dimension, also einer Tiefe, noch nicht voll erreicht.

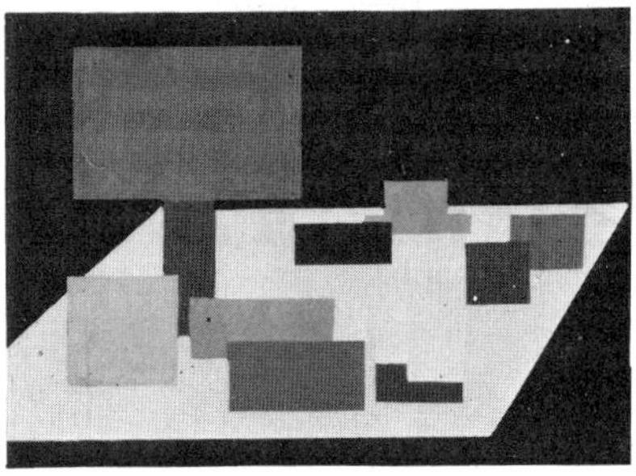

Abbildung 185: Eine sorgfältige Verteilung und Überlagerung der Elemente, bei der Vielfalt in der Einheit entsteht, bietet dem Betrachter den klaren Eindruck eines Vorder-, Mittel- und Hintergrunds und verschafft das Gefühl einer dritten Dimension.

Abbildung 186. Die Überlagerung von Ebenen ist ein künstlerisches Verfahren, das als solches keinen Regeln unterliegt. Auf diesem Beispiel ist die Überlagerung der Äpfel A und B etwas zu schwach ausgefallen.

Abbildung 187. Hier handelt es sich um das Gegenteil. Die Äpfel A und B sind im Verhältnis zu den auf der zweiten Ebene liegenden Früchten zu hoch gelagert. Auch der Krug ist zu weit hinaufgeschoben. Außerdem teilt diese Art der Überlagerung die Elemente in zwei Gruppen, und das schadet zwangsläufig der Einheitlichkeit.

Abbildung 188. Eine gute Lösung. Die Überlagerung ist korrekt und weder zu stark noch zu schwach. Außerdem entstehen durch das seitliche Licht Schatten, die dem Ganzen ebenfalls zu einer Einheit verhelfen.

Der Untergrund

Wie muß der Untergrund eines Stillebens beschaffen sein? Woraus sollte er bestehen? Ich meine mich zu erinnern, daß der Filmemacher Rebé Clair über die Filmmusik sagte: "Die Musik muß ganz unmerklich spielen. Die beste Filmmusik ist jene, die das Publikum gar nicht wahrnimmt." Über den Hintergrund eines Gemäldes läßt sich Ähnliches sagen: Er soll durch seine Tonalität oder seine Farbe die Kontur einer Form schaffen oder unterstreichen und die Farben eines Bildes harmonisieren. Vielleicht vervollständigt er auch das Dekor oder die Stimmung des Themas. Immer ist er jedoch ein sekundäres Element; niemals besitzt er leuchtende Farben oder akzentuierte Formen. In den allermeisten Fällen dominiert Grau; und falls er Formen aufweist, sind sie verschwommen.

Abbildung 189: Der Hintergrund kann die Kontraste verstärken, die Formen herausstellen und die Konturen verschärfen. Man darf ihn fast nie völlig gleichmäßig malen, sondern sollte leichte Varianten in den Tönen einbringen und die Farben entsprechend der Zweckmäßigkeit wählen.

Abbildung 190: Ein solcher Hintergrund mit Möbel oder Haushaltsgeräten ist kein Ausnahmefall. Cézanne griff häufig darauf zurück. Der Hintergrund kann in helleren Farben angelegt werden als denen des Modells (siehe obige Abbildung). Auf jeden Fall sollte er wie eine weit entfernte Ebene fließend und verwischt sein.

Kontraste und Atmosphäre

Unter einem Kontrast muß man die Beziehung innerhalb der Tonalität eines Modells verstehen. Der Kontrast ergibt sich normalerweise aus der Beleuchtungsart. Außerdem hängt er von der Entfernung ab. Ein großer ausladender Baum, der nur wenige Meter vom Betrachter entfernt steht, weist ein helles und ein dunkles, beinahe schwarzes Grün auf. Derselbe Baum auf einem Berg fünf oder sechs Kilometer entfernt hat eine bläuliche oder eine sehr helle Farbe, das heißt, er weist keine oder fast keine Kontraste auf. In seinem Buch "System der Schönen Künste" sagt Alain, daß alle Dinge in der Natur "je nach der sie umgebenden Atmosphäre eine andere Farbe aufweisen".

Natürlich ist ein Stilleben niemals ein großes Thema, seine Elemente sind auf einem beschränkten Raum vereint. Trotzdem besteht kein Zweifel, daß wir die Kontrastwirkung im Vordergrund verstärken können, um diesen besser vom Hintergrund abzuheben. Dieses Phänomen beobachtet man übrigens bei sich selbst, wenn man einen Gegenstand scharf ins Visier nimmt und alles andere darum herum "ausschaltet". Auch die Fotografen benutzen diesen "Trick", indem sie unser Sehsystem nachahmen und dadurch eine dritte Dimension schaffen.

Abbildung 191: Die Gegenstände im Vordergrund (zum Beispiel ein Baum) weisen zahlreiche Kontraste in Farben und Tonwerten auf.

Abbildung 192: Die weiter entfernten Gegenstände (zum Beispiel derselbe Baum) werden farbloser und grauer und weisen keinerlei Kontraste auf.

Abbildung 193: Konzentrieren Sie den Blick auf einen nahen Gegenstand, erscheinen die unmittelbar dahinterliegenden Objekte fließend und verwischt.

Abbildung 194: Betrachten wir intensiv einen Gegenstand im Mittelgrund, erscheint das Objekt im Vordergrund fließend und verwischt.

Abbildung 195: Hier ein Beispiel dafür, wie man die dritte Dimension, also die Tiefe, betont. Der Vordergrund wirkt völlig klar, während der Hintergrund mit seinen verschwommenen Gegenständen verfließt und aus ebenfalls verfließenden Farben mit einer grauen Tonalität besteht.

Nahe Farben – ferne Farben

Abbildung 196 und 197. Weiß, Gelb, Orange und Rot rücken die Gegenstände in dieser Reihenfolge näher an den Betrachter heran; Grün, Blau, Violett und Dunkelgrau lassen sie ferner erscheinen. Berücksichtigen wir dies beim Komponieren eines Stillebens, verstärken wir das Gefühl der Tiefe. Wir begünstigen damit den Eindruck einer dritten Dimension.

Abbildung 198: Die Vorstellung, daß Farben einen Gegenstand näher oder ferner rücken, läßt sich auch dann ausnutzen, wenn die Bestandteile eines Stillebens nicht gelb, grün oder blau sind. In diesem Beispiel sorgt das außerordentliche Weiß des Eises für den notwendigen Vordergrund, während das Brot und der Schinken aufgrund ihrer Farben im Mittelgrund liegen.

Die Kunst der Komposition: ihre Praxis

Der junge französische Maler Louis Le Bail hatte zu Beginn dieses Jahrhunderts das große Glück, Cézanne zu begegnen, als dieser gerade ein Stilleben komponierte. Folgendes erzählt er darüber:

"Er lief ständig zwischen dem Tisch und der Staffelei hin und her und blickte mal auf diesen, mal auf jene. Er faltete das Tischtuch ein wenig, legte drei oder vier Pfirsiche darauf, stellte eine Vase dahinter... Dann kehrte er nachdenklich zu seiner Staffelei zurück, ging wieder zu seinem Modell, fügte, ein paar grüne Birnen hinzu, studierte das Grün dieser Birnen und das Karmin der Pfirsiche, ließ die Komplementärfarben vibrieren, hob das Tischtuch mit Hilfe einiger Schachteln an... Wieviel Zeit ließ er sich allein für diese Tätigkeit! Manchmal richtete er eine Frucht wieder auf, gab jedem Pfirsich eine genau berechnete Neigung und stellte sie mit Hilfe einiger Münzen fest. Mit wieviel Begeisterung, wieviel Liebe er jede Einzelheit betrachtete, ausprobierte und komponierte..."

"Anschließend", erzählt sein Freund Bonnard, "betrachtete er das Modell eine ganze Weile, sah es auf seine Art und Weise, und seine Vision verwandelte sich in einen Fels, den nichts und niemand umstoßen konnte." Aber das ist eine andere Geschichte, über die wir später noch sprechen werden, wenn wir die Interpretation eines Modells behandeln. Im Augenblick wollen wir aus Cézannes Verhalten, wie Le Bail es beschreibt, jedoch eine Lehre ziehen, die wir ebenfalls befolgen müssen: Cézanne komponierte seine Stilleben mit absoluter Konzentration; er stellte Versuche an, betrachtete deren Ergebnis, versuchte es noch einmal, baute auf, ab und um, bis er endgültig zufrieden war. Mit einem Wort: er arbeitete.

Abbildung 199 und 200: Wichtig ist, daß man an seinem Modell arbeitet, bevor man es zu malen beginnt. Es ist gut möglich, daß aus einer Zusammenstellung wie der obigen, die im Prinzip bereits alle Elemente und Formen enthält, nach einer gründlichen praktischen Untersuchung ein Modell wie dieses (untere Abbildung) wird.

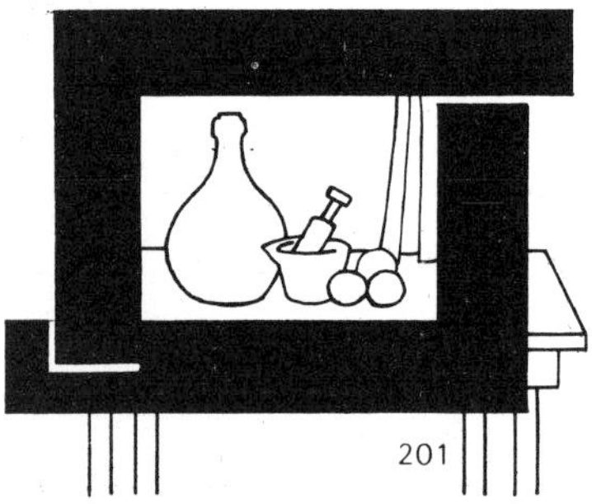

Abbildung 201, 202, 203: Auf jeden Fall ist es ratsam, sich zwei rechtwinklige schwarze Pappstreifen zu besorgen, um die Komposition eines Bildes einzurahmen und zu studieren. Außerdem sollte man vorab zwei Skizzen mit Zeichenkohle, Rötelstift oder sehr weichem Bleistift anfertigen, deren maximale Maße 12×16 oder 17 cm nicht überschreiten. Auf diesen Skizzen lassen sich die Verteilung und die Proportionen der unterschiedlichen Elemente im Verhältnis zur Gesamtfläche, die Intensität des Hintergrundes und die Art der Beleuchtung gut nachprüfen.

Die Kunst der Komposition: ihre Praxis

Hier ein Beispiel für die Kunst der Komposition

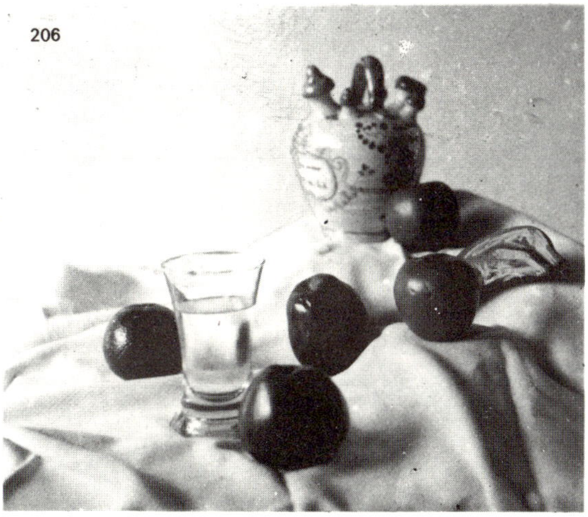

Abbildung 204. Erster Versuch: Ich habe ein Tischtuch über verschiedene Kästen und Schachteln gelegt, um Höhenunterschiede zu erreichen. Den Krug habe ich auf den höchsten Punkt gestellt. Anschließend habe ich die Früchte und das Glas davor gesetzt. Aber das Glas steht zu sehr vor dem Krug. Eine Frucht scheint dort "hineinzurutschen". Eine weitere Frucht ist in das Tischtuch eingesunken und halb verborgen.

Abbildung 205: So ist die Lage des Glases besser. Aber jetzt befinden sich drei Früchte vor dem Krug...

Abbildung 206: Ich füge eine Orange hinzu. So ist es besser. Aber die beiden hintereinanderliegenden Äpfel sind kein angenehmer Anblick.

Abbildung 207. Schlecht: Die Stellung des Kruges, die Bananen in optischer Verkürzung und der Apfel, der so aussieht, als läge er in einem Glas, dürfen nicht so bleiben.

Abbildung 208. Gut: Die Gesamtverteilung ist viel harmonischer. Alle Positionen, Abstände und Formen, auch die des Tischtuches, sind jetzt optimal.

Die Kunst der Komposition: ihre Praxis

209

210

211

212

Hier ein weiteres Beispiel für das Komponieren eines Stillebens.

Abbildung 209: Hier herrscht zu große Einheit. Die Stellung des Kruges bewirkt eine übermäßige perspektivische Verkürzung des Henkels. Auch die genaue Überlagerung des Apfels und des Pfirsiches ist nicht sehr angenehm.

Abbildung 210: So ist es in jeder Beziehung besser. Man könnte das Bild bereits malen. Es entstünde durch das Übermaß an Einheit jedoch ein Gefühl der Langeweile.

Abbildung 211: Das ist noch besser als zuvor. Und trotzdem...

Abbildung 212: Mit dieser kleinen Variante ist die Komposition noch gelungener. Die Birne liegt jetzt etwas abseits vom Glas, und der Henkel des Krugs zeigt sich in seiner funktionellen Position. Beachten Sie schließlich – und das ist vielleicht der wichtigste Punkt – die Horizontallinie des Tischtuches. Seit Abbildung 209 habe ich sie kontinuierlich gesenkt, bis sie diese passende Höhe erreicht hatte.

Technik und Handwerk der Ölmalerei

Die handwerkliche Unterweisung

Die handwerkliche Unterweisung
Aus eineinhalb, höchstens zwei Meter Abstand. Die in manchen Lehrbüchern geäußerte Ansicht, das Modell sollte drei oder vier Meter entfernt stehen, ist falsch. Aus vier Meter Entfernung verwandelt sich eine Weintraube in einen grünen Farbfleck. Man muß mindestens bis auf zwei Meter herantreten, um die Formen und die Wirkung von Licht und Schatten zu erkennen. Ob der Künstler das alles sofort mit einem einzigen umfassenden Blick erreicht?

Das ist eine andere Frage. In jedem Fall gilt:

Maximaler Abstand: zwei Meter.

Und welcher Blickwinkel ist am günstigsten? Soll man das Modell von oben, von der Mitte oder von unten betrachten? Der normale Blickwinkel liegt in der Mitte und bei etwa fünfunddreißig Grad. Auf den Zeichnungen dieser Seite ist das klar zu erkennen.

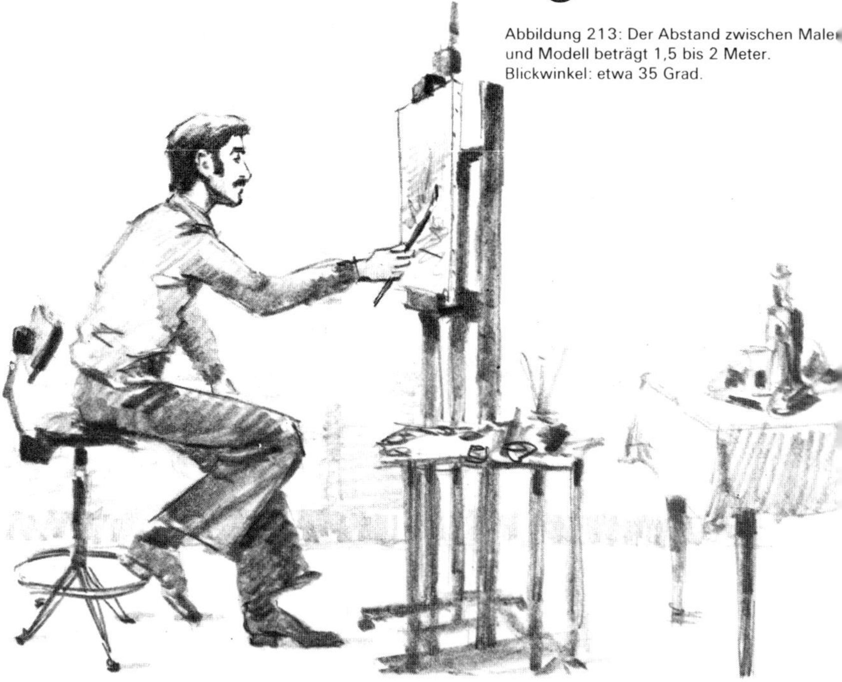

Abbildung 213: Der Abstand zwischen Maler und Modell beträgt 1,5 bis 2 Meter. Blickwinkel: etwa 35 Grad.

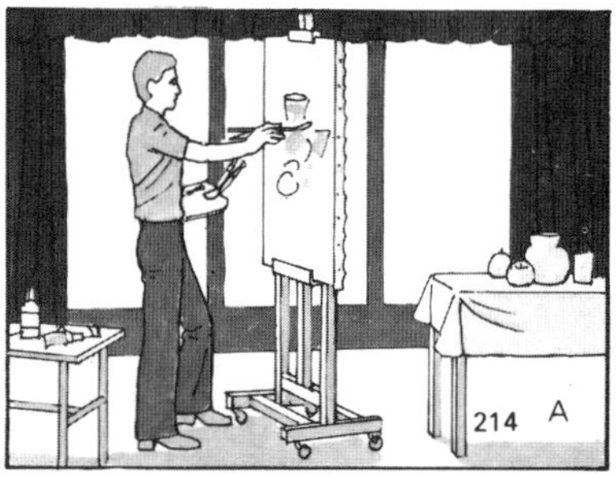

Abbildung 214 A und B: Malt man sehr nahe am Modell und darüber hinaus aus einem hohen Blickwinkel, erscheinen die Gegenstände in einer ungewöhnlichen Perspektive, die wenig ratsam ist.

Abbildung 215 A und B: Sitzt man bei einer Entfernung von 1,5 bis 2 Meter auf einem etwa 70 cm hohen Hocker und hat einen Blickwinkel von etwa 35 Grad (A), erscheinen die Gegenstände in einer normalen, recht günstigen Perspektive (B).

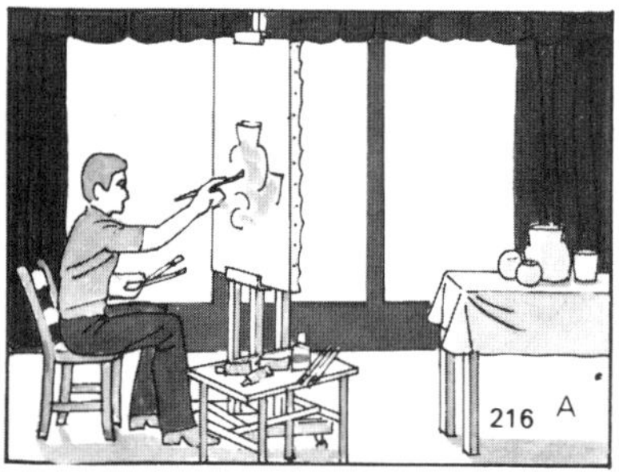

Abbildung 216 A und B: Ein Blickwinkel aus der Höhe des Modells führt zu einer nicht sehr gebräuchlichen Frontalansicht... Es gibt allerdings eine Ausnahme:

Abbildung 217: Der amerikanische Maler Ken Davies wählt gewöhnlich einen niedrigen Blickwinkel, der sich etwa in Höhe des Modells befindet. Dieses Stilleben im Stil eines Trompe-l'œil nach heutigem Geschmack unterstreicht den besonderen Blickpunkt, der für Ken Davies' Werk charakteristisch ist.

Die handwerkliche Unterweisung

Die Pinsel und die Palette müssen von Zeit zu Zeit, mindestens aber drei- oder viermal pro Sitzung, gereinigt werden. Nur so bleiben die Farben beim Mischen frisch.

Malen Sie seit einer Stunde an einem Bild, finden Sie vermutlich langsam keine saubere Stelle mehr auf der Palette, um neue Farben, zum Beispiel ein Rosa, zu mischen. Dann ergeben sich zwei Alternativen:

a) Entweder beherrschen Sie Ihr Handwerk noch nicht richtig und versuchen, das Rosa mit den nicht sehr sauberen Weißresten, in denen sich Überbleibsel von Karmin, Kobaltblau und allen möglichen anderen Farben befinden, zu mischen. Dann erhält Ihr Rosa eine graue Dominante. Oder:

b) Sie wissen, daß dies der Augenblick ist, zu dem Sie die Pinsel und die Palette reinigen und neu mit Farbe besetzen müssen, damit Sie sozusagen frisch von vorn beginnen können.

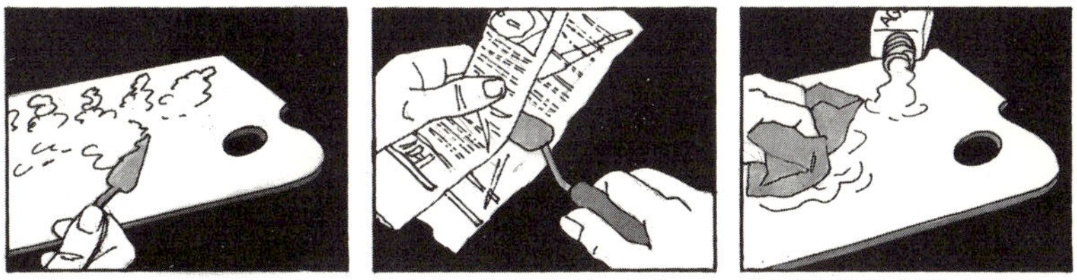

Abbildung 218 A: Zum Reinigen der Palette benutzt man einen Spachtel von der Form einer Maurerkelle.

B. Der Spachtel läßt sich gut mit Zeitungspapier reinigen, das man etwa in ein Schulheftformat schneiden sollte.

C. Reiben Sie die Palette zunächst mit Zeitungspapier und dann mit Terpentin und einem Tuch ab.

Abbildung 219 A: Entfernen Sie die Farbe zunächst mit Zeitungspapier aus dem Pinsel.

B. Tauchen Sie den Pinsel anschließend in ein kleines Gefäß mit Terpentin. Es macht nichts, wenn das Terpentin etwas trübe ist.

C. Drücken Sie den Pinsel schließlich mit einem Tuch aus. (Bei dem hier beschriebenen Verfahren handelt es sich um eine provisorische Reinigung, nach der man weitermalt.)

Wie beginnt man ein Bild? Erst zeichnen oder sofort malen?

Jetzt können wir uns in das große Abenteuer der Malerei stürzen. Das Modell steht bereit, die Farben sind bereits auf der Palette verteilt, die Leinwand ist weiß grundiert und "verteidigt hartnäckig ihr Weiß", wie Mallarmé diese Schwierigkeit des Beginnens einmal beschrieb. Nun tauchen Fragen auf: "Wie soll ich anfangen? Soll ich vorzeichnen? Oder direkt zu malen beginnen?" Nun, das ist ein uraltes Problem, über das man schon seit Jahrhunderten streitet. Bereits im 16. Jahrhundert schrieb der Florentiner Vasari nach einem Besuch bei Tizian in Venedig: "Er begann direkt mit den Farben zu malen und sagte, dies sei die beste und wahrste Art und Weise zu arbeiten." Zur gleichen Zeit meinte Michelangelo, der seine Werke stets mit einer Vorzeichnung begann, in Florenz spöttisch: "Schade, daß man in Venedig nicht erst einmal korrekt zeichnen lernt."

Beide Methoden haben noch heute ihre Gültigkeit. Vom letzten Jahrhundert bis in unsere Zeit läßt sich sagen, daß jene Künstler, die fast oder ganz ohne Schatten malten, eine diffuse oder frontale Beleuchtung wählten und die Gegenstände mit Farbflecken anlegten (van Gogh, Matisse, Bonnard) —also die Koloristen—, ihre Bilder direkt zu malen begannen. Die Valeuristen, jene also, die ihr Modell mit Licht und Schatten darstellten (Chardin, Corot, Manet, Nonell, Dali etc.), begannen ihre Werke dagegen im allgemeinen mit einer Vorzeichnung. Allerdings wäre es riskant, als gesichert anzunehmen, daß sich alle strikt auf eine einzige Methode beschränkten. Von Picasso ist zum Beispiel bekannt, daß er mal vorzeichnete und mal direkt malte. Womit soll man also beginnen? Hören wir dazu Cézanne: "Wenn die Farbe in all ihrem Reichtum erscheint, tritt die Form in ihrer ganzen Vollkommenheit hervor."

Abbildung 220: Dasselbe Thema kann entweder koloristisch oder valeuristisch behandelt werden. Das hängt stark von der Beleuchtung ab, die man seinem Modell gibt. Die Koloristen bevorzugen Frontallicht, die Valeuristen eine seitliche Beleuchtung. Der Künstler, der ein Stilleben mit dem ganzen Spiel von Licht und Schatten malen möchte, wird sein Bild mit einer Vorzeichnung beginnen.

Abbildung 221: Der koloristische Maler bevorzugt diesen Stil, weil er ihn für abstrakter, kreativer und nicht so akademisch hält. Er ist davon überzeugt, daß die Farbe in der Lage ist, alles allein auszudrücken, und man deshalb das Volumen des Modells unberücksichtigt lassen kann. Wie Bonnard schrieb: "Die Farbe ist für sich allein in der Lage, das Licht spüren zu lassen, die Blöcke darzustellen und die malerische Stimmung auszudrücken."

ngt man an zu malen?

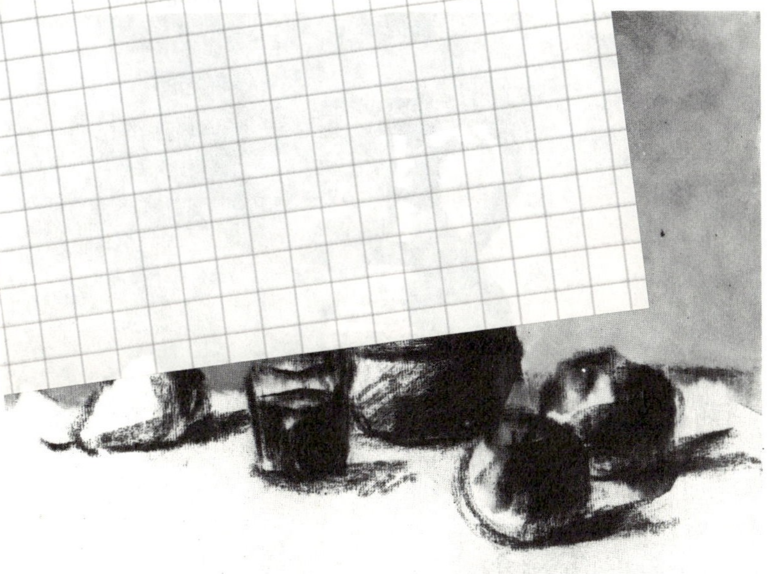

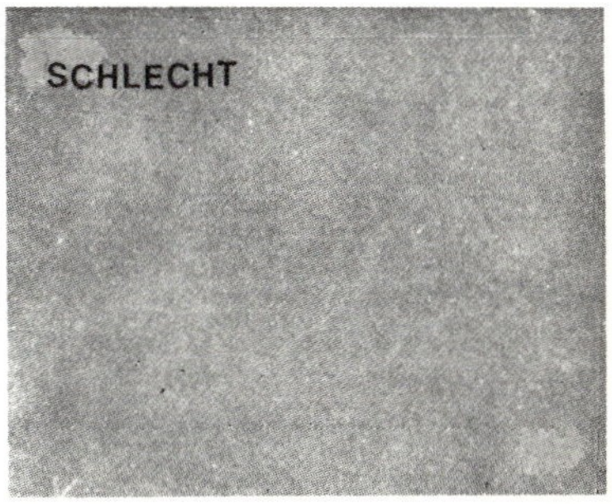

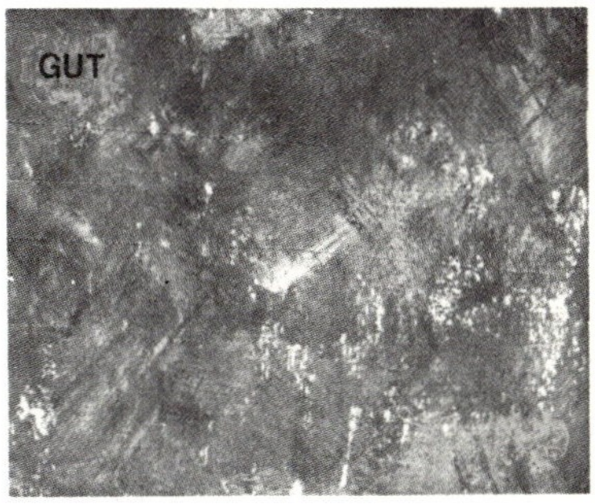

Abbildung 222: Womit fängt man zu malen an? Zu Beginn sollte man erst einmal das Weiß ausschalten, also die Leinwand sobald wie möglich mit Farbe bedecken, um falsche Kontraste zu vermeiden. Folglich kann man bei einem Stilleben nur raten, mit dem Untergrund zu beginnen.

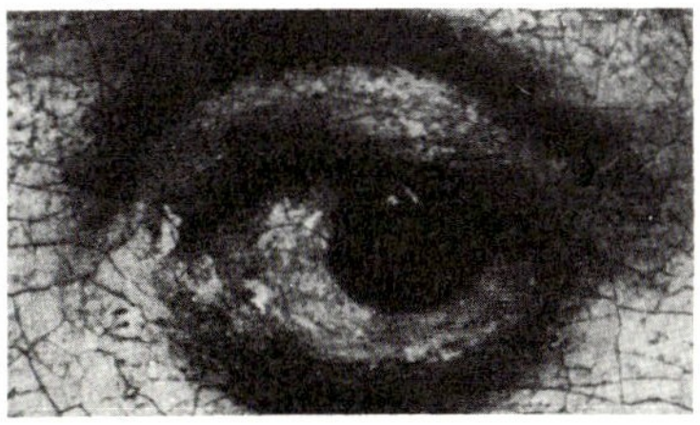

Fett auf mager

Abbildung 223: Dies ist eine alte Regel, die man beim Malen von Anfang an beachten muß. Soll das Gemälde mit der Zeit nicht rissig werden, müssen die ersten Farbschichten unbedingt stärker mit Terpentin verdünnt sein. Die Farbe aus der Tube ist fett. (Noch fetter wird sie, wenn man sie mit Leinöl verdünnt.) Mit Terpentin verdünnte Tubenfarbe ist dagegen mager. Natürlich trocknet eine fette Schicht langsamer als eine magere. Malt man irrtümlich mager auf fett, trocknet die obere (magere) Schicht schneller als die (fettere) untere Schicht. Ist diese schließlich ebenfalls getrocknet, zieht sich die obere Schicht zusammen und reißt.

Abbildung 224. Schlecht: Obwohl der Untergrund einfarbig ist, darf man ihn niemals absolut gleichförmig und nur in einer einzigen Farbe anlegen.

Abbildung 225. Gut: Der Untergrund muß innerhalb seiner Farbe eine Reihe von Nuancen aufweisen, das bereichert und idealisiert die eigentliche Farbe.

Wie man die Pinselstriche ausrichtet

Malt man mit Ölfarben auf einer Staffelei, steht die Leinwand immer senkrecht. Es scheint daher logisch und funktionell, mit senkrechten Pinselstrichen von oben nach unten oder unten nach oben zu malen. Untersucht man diese Frage jedoch näher, stellt man fest, daß man bei den Pinselstrichen den Gegenstand berücksichtigen muß, den man gerade malt. Es wäre zum Beispiel nicht sehr sinnvoll, das Meer, eine große weiße Wolkenwand oder ein weißes Tischtuch mit senkrechten Pinselstrichen anzulegen. Zugegebenermaßen kann es aber auch ein ganz besonderer Stil sein, das gesamte Bild mit senkrechten Pinselstrichen zu malen. Ansonsten ist es jedoch logisch und normal, das Meer oder einen Sonnenuntergang mit waagerechten Pinselstrichen anzulegen, bei einer Wolke den Pinsel kreisförmig und bei einem Tischtuch waagerecht oder schräg zu führen.

Zwei Regeln oder Gewohnheiten sind bei der Mehrzahl der Maler auszumachen:

1. Sie malen, indem sie die Form "einwickeln".
2. Sie malen im diagonalen Sinne.

Die erste Methode ist am verbreitetsten. Die Maler malen einen Zylinder, indem sie die Striche zylinderförmig anlegen; sie malen eine Grasfläche senkrecht und folgen bei einer Melone der Form und "wickeln sie ein". In Zweifelsfällen oder im allgemeinen arbeitet man dagegen diagonal.

Abbildung 226 (oben): Es gibt Gegenstände oder Themen, die eine bestimmte Richtung des Pinselstrichs erfordern.

Abbildung 227 (unten): Das Malen des Meeres erfordert fast immer waagerechte Pinselstriche.

Abbildung 228: Folgt der Pinselstrich der Richtung eines Gegenstandes oder "wickelt er ihn ein", verstärkt er dessen Form.

Abbildung 229: Das Zeichnen mit der Stahl- oder der Rohfeder ist die beste Übung, um die Darstellung einer Form zu erlernen.

Schaffen einer Synthese

Hierbei handelt es sich um einen intellektuellen Prozeß, bei dem man eine Zeichnung oder ein Gemälde in sich stärker zusammenfaßt und nur die charakteristischsten Teile des Themas hervorhebt. Details oder unwesentliche Dinge entfallen. Das erfordert seitens des Malers in der Praxis eine außerordentliche Beherrschung des Handwerks.

Der Künstler muß ungezwungen, spontan und elegant in voller Kenntnis des Themas und des Materials an die Sache herangehen. Velasquez und seine Art, die Gegenstände "abzukürzen", gilt dafür als klassisches Beispiel. Die Augen jeder seiner Meninas sind ein Inbegriff für diese Synthese, denn man kann die Pinselstriche, die Velasquez dafür benötigt hat, mit den Fingern einer Hand abzählen.

230 A

230 B

231 A

231 B

231 C

Abbildung 230 A und B: Um die Synthese einer Arbeit zu erleichtern, kennt man beim Malen und Zeichnen einen geradezu klassischen Trick: man betrachtet das Modell mit halb zusammengekniffenen Augen. Auf den obigen Abbildungen sehen Sie einmal ein Einmachglas aus der Totalen, das heißt normal fotografiert (A). Rechts ist das Glas unscharf, wie mit zusammengekniffenen Augen gesehen, abgebildet (B). Damit gelangt man zu einem synthetischen Anblick, bei dem nur die charakteristischen Züge, Farbflecken, Lichter und Reflexe erkennbar sind.

Abbildung 231 A, B und C: Betrachten Sie die drei aufeinanderfolgenden Phasen, mit denen man zu einem "zusammengefaßten" Glas gelangt. Um die Form des Modells auszudrücken, sind alle Details und unwesentlichen Dinge ausgeschaltet worden. Nur das absolut Notwendige ist geblieben.

Die Primamalerei

Die Primatechnik verdankt ihren Namen nicht etwa der Tatsache, daß sie "prima" im Sinne von vorzüglich ist. Das stammt vom Italienischen "a prima vista": auf den ersten Blick. Es bedeutet, daß man ein Bild in einem Zug innerhalb einer einzigen Sitzung herstellt. Das ist eine heute sehr verbreitete Form der Malerei. Sie erfordert naturgemäß eine ganz spezielle Technik.

Hier die Reihenfolge bei der Primamalerei:

1. Festlegen der Farbskala (kalt, warm, gebrochen);
2. Zeichnen des Motivs mit Kohle und Ausmalen der größten Flächen.
3. Die Schattenstellen mit der entsprechenden dunkleren Farbe in synthetischer Weise anlegen;
4. Von nun an gelten nur noch zwei Grundbedingungen:

A. Absoluter kreativer Einsatz
B. Konstante Spontanität: "Was gemalt ist, ist gemalt."

Wir werden diese beiden Grundbedingungen später in die Praxis umsetzen. Hier zunächst einmal die Technik der Primamalerei.

Hell auf dunkel
Ölfarben sind undurchsichtig. Man kann Weiß auf Schwarz oder Umbra gebrannt auftragen. Haben Sie in der ersten Phase Ihres Bildes in der Primatechnik die Schatten ausgiebig mit dunkler Farbe und in genügender Verdünnung mit Terpentin angelegt, verfügen Sie kurz darauf über eine trockene Fläche, auf der Sie ohne Schwierigkeiten hellere Farben auftragen können.

Abbildung 232 A, B und C. Auf diesen Weintrauben erkennen Sie den Vorteil, hell auf dunkel malen zu können. In Abbildung A sind der Untergrund und die dunklen Stellen nach dem Vorzeichnen mit einer sehr flüssigen Farbe angelegt worden. (Sie können feststellen, daß die dunklen Flächen Nuancen aufweisen. Sie sind nicht absolut gleichförmig.) Abbildung B beweist die Logik, die helle Farbe auf die dunkle aufzutragen. In Abbildung C sind schließlich die Tonwerte jeder einzelnen Weinbeere mit einem einfachen Pinselstrich für das reflektierte Licht und das Spitzlicht synthetisiert worden. Beachten Sie, daß die gesamte Arbeit auf eine größere Vielfalt und eine Bereicherung der Farben abzielt.

Abbildung 233: Bei der Primamalerei kann es angezeigt sein, das Bild mit einer Untermalung in der allgemeinen Tonalität bestimmter Farben zu beginnen, die uns das Modell eingibt. Diese erste Farbschicht erkennen Sie zum Beispiel in dem Stilleben in der Primatechnik auf Seite 74. Denken Sie daran, daß die Farben flüssig sein müssen, damit sie eine magere Schicht ergeben, die rasch trocknet.

Die Primamalerei

Wie man auf einer noch feuchten Fläche malt. Das ist sowohl eine Frage des Fingerspitzengefühls als auch der handwerklichen Sicherheit. Fingerspitzengefühl benötigt man, weil man den Pinsel keinesfalls wie sonst aufdrücken oder reiben darf. Man legt die neue Schicht, die neue Farbe vielmehr vorsichtig ab, um die Farbe darunter nicht zu entfernen oder, was noch schlimmer wäre, sie nicht mit der neuen zu vermischen. Handwerkliche Sicherheit ist von Nöten, weil es kein Zurück gibt. Man malt mit der einmal gewählten Farbe, baut diese und keine andere Form auf, und was erledigt ist, ist es endgültig. Man kann keinen Schritt zurück tun. Verstärken, verbessern, neu aufbauen oder retuschieren gibt es bei der Primamalerei nicht. Das Malen auf einer noch feuchten Schicht erfordert darüber hinaus eine größere Menge nicht allzu flüssiger Farbe, die mit dem gutgefüllten Pinsel aufgetragen wird. Ist die zu malende Fläche zu dünn geraten, empfiehlt es sich, die erste Schicht mit dem Spachtel abzukratzen und noch einmal zu malen. Will man Netze, Striche, Senkrechte, Linien etc. (zum Beispiel die Äste eines Baumes oder einen Baumstamm) malen, nimmt man am besten einen weichen Rotmarderpinsel und etwas terpentinverdünnte Farbe. Aber auch hier darf man keinesfalls Druck auf den Pinsel ausüben. Schließlich sei noch erwähnt, daß der Pinsel beim Malen auf einer feuchten Farbschicht nach jeder Benutzung gereinigt werden muß und man stets mit neuer Farbe arbeitet, um vor bösen Überraschungen durch das Vermischen der neuen mit der vorigen Farbschicht, die ja noch nicht trocken ist, geschützt zu sein.

Ein vollkommener Mann ist ein toter Mann

Von einem Gemälde läßt sich dasselbe sagen. Ein überfertiges Bild ist ein totes Bild. Gemeint ist hier natürlich ein allzu ausgefeiltes, zu stark korrigiertes Bild mit zu verschmolzenen Farben. So etwas gibt jedem Bild den Todesstoß! Beenden Sie Ihre Arbeit also rechtzeitig. Das Bild auf Abbildung 236 ist tausendmal besser als das auf Abbildung 235!

Abbildung 234 A. Legen Sie die erste Farbschicht ohne den geringsten Druck auf die noch feuchte Untermalung.

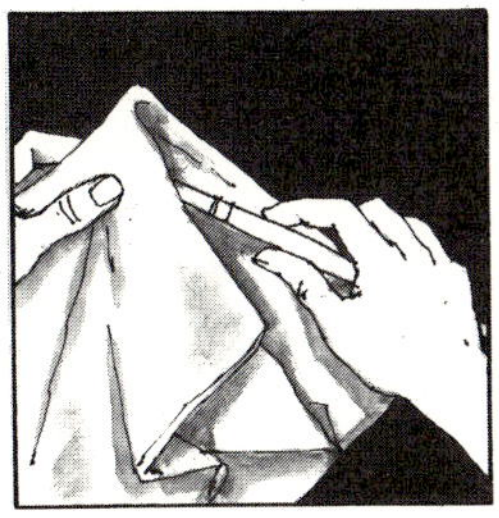

B) Reinigen Sie anschließend den Pinsel mit einem alten, in Terpentinersatz getauchten Lappen.

C) Tragen Sie eine weitere Farbe auf, ohne sie mit einer anderen zu vermischen.

Abbildung 235: Ein allzu ausgefeiltes, beinahe "abgelecktes" Bild wirkt wie tot. Hier hat man den Eindruck von Wachsfrüchten.

Abbildung 236: Wie angenehmer wirkt dagegen ein "unfertiges", ein wenig ungenaues Bild, eine rasche, aber frische, spontane, lebendige Skizze!

Spezialtechniken

Gleichzeitig malen und zeichnen
Malen heißt nicht, eine Zeichnung kolorieren. Das gilt noch mehr für das Arbeiten mit Wasserfarben, bei der eine eventuelle Vorzeichnung unter der Farbe verschwindet. Malen bedeutet, Form und Farbe gleichzeitig sehen und folglich mit der Farbe zu zeichnen und nicht etwa Umrisse zu ziehen und auszumalen.

Abbildung 237 A, B und C: Die Form wird im Laufe des Malens immer vollkommener. Das heißt, der Maler zeichnet mit dem Pinsel. Er verändert zum Beispiel die Umrisse eines Gegenstandes, ändert seine Dicke, seine Höhe, seine eckige oder abgerundete Form etc.

Abbildung 238 A bis F. Mit der weich oder stark aufgedrückten Fingerspitze lassen sich Abstufungen und Verwischungen erzielen und eine Kontur oder eine Linie verschieben. Schon Tizian wendete diese Technik an. Er "malte mit dem Daumen, verstrich die Farbe mit den Fingern und ließ sie zu undefinierbaren Nuancen verschmelzen." Aber Achtung, diese Möglichkeit sollte man nicht zu häufig anwenden, wenn man ein allzu vollkommenes Endergebnis vermeiden möchte.

237 A B C

238 A B C

D E F

239 A

Abbildung 239 A, B und C: Für das Malen einer Abstufung, den Übergang vom Licht zum Schatten oder das Ineinanderfließen zweier Farben gibt es mehrere Möglichkeiten.

239 B

239 C

A) Man legt beide Farben mit zwei Pinseln nebeneinander und fährt mit einem dritten trockenen Pinsel in Zickzacklinie über die Anstoßstelle.
B) Ist die Farbe sehr fett oder die Schicht sehr dick, muß man wie mit Peitschenhieben von dunkel nach hell streichen, als wollte man die Farbe entfernen. In Wirklichkeit zieht man die Farbe jedoch auf die andere Seite, so daß beide Farben abgestuft verschmelzen. Achtung: der Pinsel muß jedesmal oder zumindest jedes zweitemal getrocknet werden.
C) Ist die Stelle, auf der man eine Abstufung erreichen möchte, ganz oder fast getrocknet, kann man die Farbe durch Abtupfen mit dem gut gefüllten Pinsel entfernen, bis die Struktur der Leinwand durchscheint (siehe nebenstehende Illustration).

Komposition und Mischung von Farben

Mischung der Grundfarben

Abbildung 240: In der Malerei gibt es drei Farben, die sich nicht durch Mischen irgendwelcher anderen Farben erzielen lassen. Es handelt sich um Gelb, Purpur und Blau. Wie Ihnen bekannt, sind dies die drei Grundfarben, aus deren Mischung (manchmal unter Zugabe von Weiß) man alle Farben der Natur erhält.

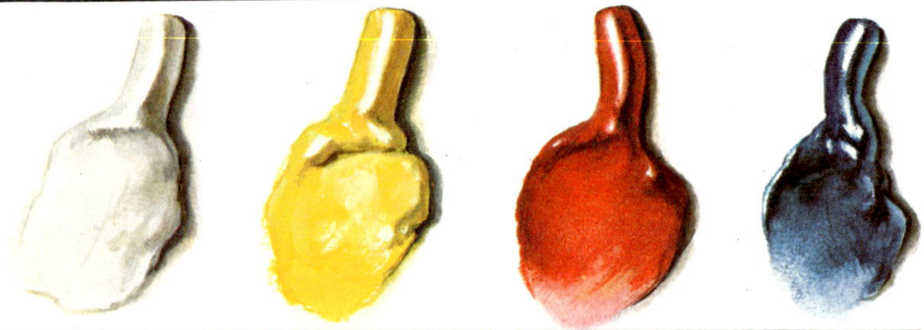

Abbildung 241: Zum Malen benutzt man als Grundfarben a) Kadmiumgelb mittel, b) Magentarot (Krappkarmin) und c) Preußischblau. Mischt man jeweils zwei dieser Grundfarben zu gleichen Teilen, erhält man die sogenannten Zweitfarben Rot, Grün und Dunkelblau. Mischt man die drei Grundfarben miteinander, erhält man theoretisch Schwarz.

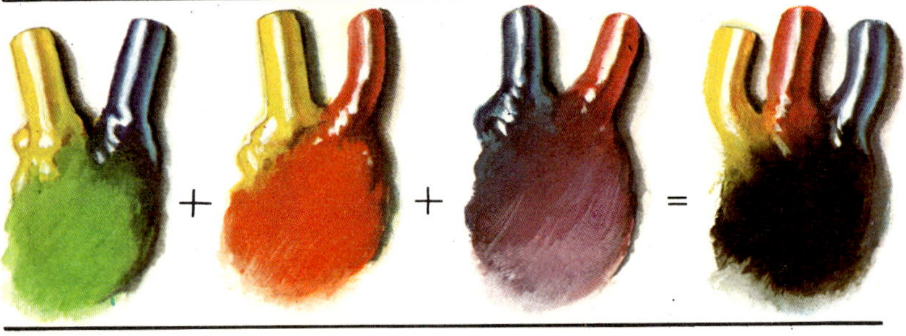

Abbildung 242: Hier eine Farbskala, die aus einer Mischung von Kadmiumgelb und Preußischblau erzielt wurde und eine sehr nuancierte Grünskala ergibt.

Abbildung 243: Dasselbe Experiment mit Kadmiumgelb mittel und Krappkarmin. Abgesehen von der Zweitfarbe Zinnober oder einem lebhaften Rot, erhalten wir eine breite Skala von Creme – und Rosétönen sowohl mit warmer als auch mit kalter Tendenz.

Abbildung 244: Mischt man schließlich Preußischblau mit Krappkarmin, die beide zuvor mit Weiß abgestuft wurden, erhält man eine reiche Skala von Blau – und Violettönen.

Mischung der Grundfarben

Abbildung 245: Diese Zusammenstellung unterschiedlichster Farben wurde allein aus einer Mischung der Grundfarben erzielt. Sie ist der Beweis dafür, daß man in der Tat alle Farben in der Natur aus Gelb, Purpur und Blau mischen kann. Auf den drei folgenden Abbildungen sehen Sie die Mischung von Farben zum Malen eines Apfels in der warmen, der kalten und der gebrochenen Farbskala.

Abbildung 246:

1. Weiß, Gelb, Ocker, Rot, Karmin.

2. Rot, Ocker, Karmin.

3. Gelb, Ocker, Weiß, Karmin, Preußischblau.

4. Gelb, Weiß, Ocker, Rot.

5. Rot, Gelb, Siena.

6. Ocker, Gelb, Rot, Smaragdgrün, Weiß.

Abbildung 247:

1. Smaragdgrün, Weiß, Gelb, Kobaltblau.

2. Karmin, Kobaltblau, Preußischblau, Weiß.

3. Gelb, Weiß, Grün.

4. Preußischblau mit Siena natur.

5. Karmin, Weiß, Kobaltblau, Umbra gebrannt.

6. Preußischblau, Umbra, Weiß.

bildung 248:

1. Siena gebrannt, Weiß, Ultramarin.

2. Rot, Siena gebrannt, Umbra.

3. Umbra, Zitronengelb, Weiß.

4. Umbra, Weiß, Gelb, Rot Kobaltblau, Ocker.

5. Karmin, Smaragdgrün, Preußischblau.

6. Umbra, Ultramarin, Weiß.

Helle Farben und dunkle Farben

Neutrales Schwarz, kaltes Schwarz, warmes Schwarz
Abbildung 249: Unter Einhaltung bestimmter Proportionen lassen sich aus einer Mischung von Krappkarmin, Preußischblau und Umbra gebrannt ein neutrales Schwarz, ein kaltes, also blaustichiges Schwarz und ein warmes, also rötliches Schwarz herstellen. Die Kenntnis dieser Nuancen kann beim Malen eines Bildes mit einer warmen bzw. kalten Farbskala äußerst nützlich sein.

Eine Farbe darf man nicht nur durch Zugabe von Schwarz abdunkeln.

250

Abbildung 250: Möchten wir eine Farbe verstärken oder abdunkeln, müssen wir uns an das Spektrum der Natur, also an den Regenbogen erinnern, in dem Schwarz als Farbe nicht vorhanden ist.

Abbildung 251: Schattet man Gelb ausschließlich mit Schwarz ab, erhält man ein schmutziges, grünliches Gelb. Dunkelt man es dagegen stufenweise mit Rot, Karmin, Blau und Schwarz ab, erhält man eine intensive Farbskala und einen viel natürlicheren und künstlerischeren Übergang vom Licht zum Schatten.

Abbildung 252 und 253: Dasselbe geschieht mit Blau und Rot. Dunkelt man die Farben ausschließlich mit Schwarz ab, wird Blau Grau und Rot verliert jede Brillanz. Ein besseres Ergebnis erhält man, wenn man Rot stufenweise mit Orange, Ocker und Gelb aufhellt und mit Hilfe von Karmin, Violett und Umbra gebrannt abschattet. Blau hellt man mit verschiedenen Blautönen und Grün auf und schattet es mit Ultramarin und Violett ab.

251

252

253

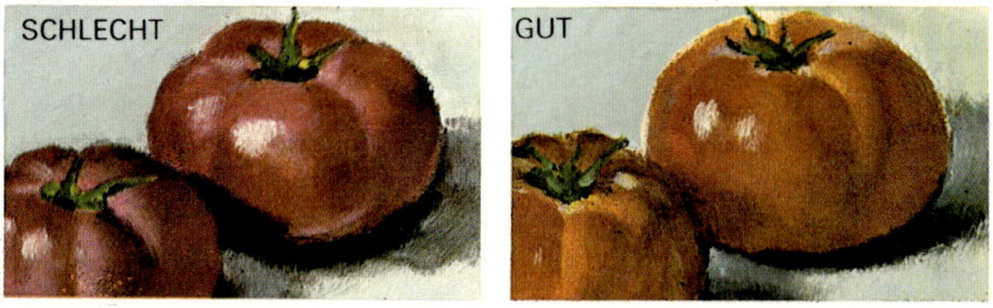

Abbildung 254: Hier ein gutes und ein schlechtes Beispiel für den Gebrauch bzw. Mißbrauch von Schwarz und Weiß. Die linken Tomaten (schlecht) sind ausschließlich mit Rot, Weiß und Schwarz gemalt. Auf der rechten Abbildung (gut) findet sich neben Rot auch Gelb, Ocker, Siena, Blau, Grün und Karmin. Und natürlich eine genau berechnete Menge Weiß.

Die Farben und die Schatten

Abbildung 255: **In der Farbe des Schattens befindet sich stets auch Blau.** Ganz gleich, welche Farbe das Modell besitzt, das Sie vor Augen haben: in den Schattenpartien ist gewiß immer auch Blau vorhanden. Das gilt auch, wenn das Modell weiß ist wie der nebenstehende Würfel. Der Schatten ist grau und blau.

Abbildung 256: **Die Schattenfarbe und die Komplementärfarben.** Wie wir später noch feststellen werden, enthält die Schattenfarbe neben Blau auch die Komplementärfarbe der Eigenfarbe des Gegenstandes. Sie erinnern sich, daß die Komplementärfarben aus einer Verbindung von Grundfarben und Zweitfarben bestehen.

Gelb, Purpur und Blau sind die Grundfarben. Eine Mischung von jeweils zwei Grundfarben ergibt die Zweitfarben Grün, Rot und Dunkelblau.

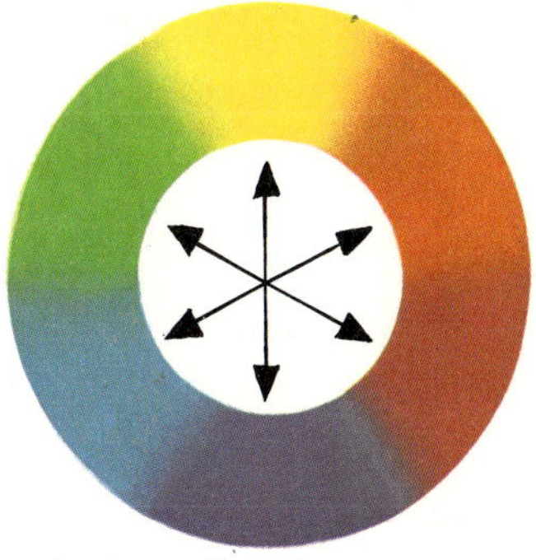

Legt man die sechs Regenbogenfarben zu einem Kreis zusammen, liegen sich die Komplementärfarben genau gegenüber. Ein Beispiel: Dunkelblau ist die Komplementärfarbe von Gelb.

Abbildung 257: Hier die Formel, nach der sich die Farbe des Schattens eines Gegenstandes bestimmen läßt...

1. die abgedunkelte Eigenfarbe+
2. die Komplementärfarbe der Eigenfarbe+
3. Blau
= die Gesamtfarbe des Schattens.

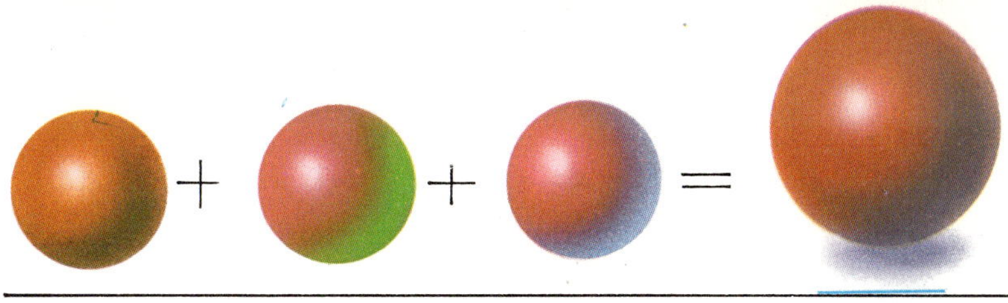

Abbildung 258: Dies ist quasi eine unfehlbare Regel. Die Schattenfarbe einer roten Tomate besteht aus Umbra gebrannt, Hellgrün und einem leuchtenden Blau.

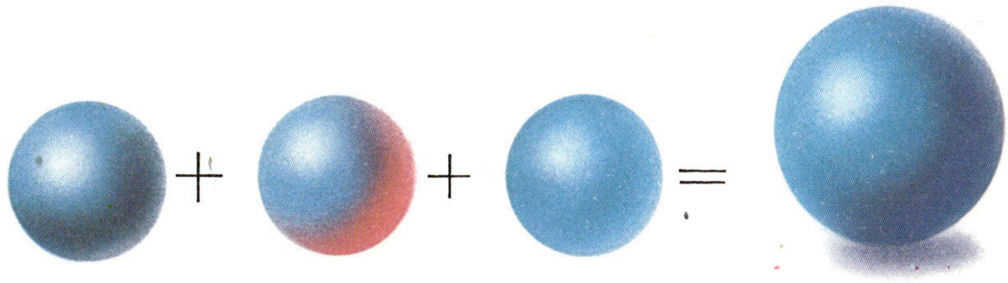

Abbildung 259: Die Schattenfarbe eines blauen Gegenstandes oder eines blauen Modells ist grundsätzlich Violett, also eine Mischung aus Blau und Rot.

---

(1) Für weitere Erläuterungen ziehen Sie bitte den Band "Der Maler und seine Farben", der ebenfalls in dieser Reihe erschienen ist, zu Rate.

Die Skala der warmen Farben

Abbildung 260: **Gelb, Ocker, Siena, Orange, Rot, Karmin, Siena gebrannt, Grün....** und Weiß. Hier der Beweis für die unendliche Skala von Farben, die innerhalb der warmen Farbskala gemischt werden können. (Wollen Sie nicht einmal versuchen, die Reihe der Farben selber herzustellen?)

1. Weiß + Kadmiumgelb mittel

2. Weiß + Gelbocker

3. Weiß + Gelbocker + Kadmiumrot mittel

4. Kadmiumgelb + Magentarot

5. Weiß + Kadmiumrot

6. Weiß + Magentarot

7. Siena natur + Kadmiumrot

8. Gelbocker + Umbra gebrannt + ein wenig Kadmiumgrün

9. Weiß + Gelbocker + Smaragdgrün + Magentarot

10. Kadmiumgelb + Umbra gebrannt

11. Ockergelb + Smaragdgrün + Kadmiumgelb + Weiß

12. Magentarot + etwas Smaragdgrün

Die Skala der kalten Farben

Abbildung 261: **Hellgrün, Smaragdgrün, Zyanblau, Dunkelblau, Violett....** und Weiß. Hier einige Beispiele von Mischungen auf der Grundlage von Grün, Blau und Violett.

1. Weiß + Preußischblau

2. Weiß + Ultramarin hell

3. Weiß + Kobaltblau hell

4. Weiß + Preußischblau + Smaragdgrün

5. Weiß + Smaragdgrün + etwas Gelbocker+etwas Kadmiumgelb

6. Kadmiumgelb + Smaragdgrün

7. Kadmiumgelb mittel + Preußischblau

8. Weiß + Smaragdgrün

9. Weiß + Magentarot + Ultramarin hell

10. Preußischblau + Weiß + Magentarot

11. Ockergelb + Smaragdgrün + etwas Weiß

12. Preußischblau + Smaragdgrün

Die Skala der gebrochenen Farben

Abbildung 262.... **oder die Mischung von Komplementärfarben zu ungleichen Teilen** ...mit Weiß. Sehen Sie sich die Beispiele an:

1. Weiß + Umbra gebrannt + ein ganz wenig Preußischblau

2. Dieselbe Mischung wie die vorige + etwas Smaragdgrün

3. Weiß + Kobaltblau + Kadmiumrot

4. Weiß + Gelbocker + Ultramarin hell

5. Kardmiumgelb + Weiß + Kobaltblau + etwas Kadmiumrot

6. Weiß + Preußischblau + Siena natur + Kadmiumrot

7. Weiß + Magentarot + Kadmiumrot + Preußischblau

8. Weiß + Magentarot + Smaragdgrün

9. Weiß + Umbra gebrannt + Smaragdgrün

10. Preußischblau + Weiß + Kadmiumrot

11. Weiß + Magentarot + Ultramarin + etwas Umbra gebrannt

12. Umbra gebrannt + etwas Preußischblau

Die Praxis des Malens von Stilleben

Eine Lektion von Cézanne

Eine Lektion von Cézanne
Bevor wir auf den folgenden Seiten das bisher in diesem Buch Erlernte in die Praxis umsetzen, möchte ich hier eine Lektion des großen Meisters Paul Cézanne niederschreiben. Ich sage bewußt "niederschreiben" — verzeihen Sie es mir —, als hätte Cézanne sie mir tatsächlich diktiert.....
Leider ist das nicht der Fall. Ich kann mich nicht auf schriftliches Material des Malers stützen. Ich glaube jedoch nach ausgiebiger Lektüre, nach Beobachtungen, Recherchen in Büchern und in diesen und jenen Museen, daß es möglich ist, eine derartige Lektion mit einer nur minimalen Fehlerquote zu erstellen.

Wie Cézanne seine Modelle komponierte
Cézanne hat Dutzende von Stilleben mit Früchten gemalt. Seine Grundelemente waren a) ein weißes Tischtuch, b) ein Teller oder eine Schale mit unterschiedlichen Früchten — manchmal auch zwei —, die er in den Mittelpunkt seiner Komposition stellte, und

264

Abbildung 264 und 265: Man kann wohl behaupten, daß Cézanne seine Stilleben beinahe ohne Eingangszeichnung malte. Das läßt sich an dem unvollendeten Werk "Stilleben mit Krug", Tate Gallery, London (Abbildung 165), nachweisen, dessen Eingangszeichnung wir rekonstruiert haben. Sie stellt eine rasche Skizze dar, in der die Formen fließend und unbestimmt bleiben.

265

Eine Lektion von Cézanne

c) ein Wasserkrug, eine Flasche, ein Tontopf oder -krug in der Nähe der Fruchtschale, der ebenfalls einen Brennpunkt des Bildes darstellt.

Eine Lektion von Cézanne
Außerdem verteilte er weitere Früchte und nahm manchmal ein Tuch oder eine Gardine anstelle eines Untergrunds. Der Blick fiel meistens von oben herab auf das Modell. Der Aufbau der Elemente war sehr frei, so daß Cézanne manchmal malte, ohne sich um deren exakte Form zu kümmern. Cézanne verwendete große Sorgfalt auf die Komposition seines Modells. "Der Künstler", sagte er, "kann nicht mit der Ungezwungenheit eines Vogels, der eine Melodie singt, Emotionen hervorrufen. Der Künstler muß komponieren, und das ist nicht immer leicht."

Wie Cézanne malte
Ein Bauer, der Cézanne und Pissarro einmal beim Malen beobachtete, sagte: "Pissarro sticht beim Malen mit seinem Pinsel auf die Leinwand, Cézanne reibt und streicht mit dem flachen Pinsel über sein Bild." In der Tat arbeitete Cézanne niemals lange an einer bestimmten Stelle seines Bildes und beschränkte sich nie auf einen bestimmten Teil, wie viele Künstler es tun, wenn sie zum Beispiel einen Untergrund sofort endgültig anlegen. Das Außergewöhnliche bei Cézanne war, daß er quasi durch sein Bild spazierte, mal hier und mal dort malte, ohne jedoch etwas ganz fertigzustellen. Er beobachtete sein ganzes Werk unablässig, doch ohne Eile, und handelte entsprechend.
Das unvollendete Bild in der Tate Gallery mit dem grauen Tongefäß, das an eine Karaffe erinnert, ist ein gutes Beispiel dafür, daß Cézanne praktisch ständig auf der gesamten Fläche des Bildes gegenwärtig war.

Cézanne zeichnete nicht präzise oder komplett vor, bevor er zu malen begann. Er begnügte sich mit einigen hingeworfenen unfertigen Linien, mit einer sehr raschen Skizze (Abbildung 263), um dann gleich mit dem Auftragen der Farben zu beginnen. Festzustellen ist, daß er keine allgemeine Untermalung verwendete, um die Leinwand zu bedecken, und — abgesehen von wenigen Pinselstrichen mit stark terpentinverdünnter Farbe (siehe Teller und Tischtücher) — direkt mit der entsprechenden wirklichkeitsnahen, in ihrer Konsistenz definitiven Farbe malte.
Auf dem Krug befinden sich praktisch keine Retuschen. Es ist jedoch zu erkennen, daß Cézanne auf alle Fälle trotz dieser raschen Ausführung Irrtümer aufgrund von Simultankontra-

Abbildung 266 und 267: "Stilleben mit Pfirsichen und Birnen", Puschkinmuseum der Schönen Künste, Moskau. Vergleichen Sie dieses Stilleben mit dem des grauen Krugs auf der vorigen Seite. Es ist klar zu erkennen, daß es sowohl hinsichtlich der Elemente wie der Verteilung Cézannes Auffassung entspricht. Sie erkennen das weiße Tischtuch, den verfließenden Hintergrund, einen Obstteller in der Mitte mit weiteren Früchten darum herum und einem Krug oder einem Tongefäß in der Nähe des Tellers.....

266

267

268

Abbildung 268: Paul Cézanne, "Stilleben mit Vorhang und Krug mit Blumenmotiven" (Ausschnitt), Eremitage, Leningrad.

sten durch Berichtigung und Ausgleichen der Farben auszuschließen versuchte. Man kann sich leicht vorstellen, wie Cézanne an den Pflaumen auf dem Teller in der Mitte arbeitete, anschließend zu denen auf der rechten Seite überging, dann das Braun des Tisches um die Pflaume herum in Angriff nahm, zum mittleren Teller zurückkehrte, zum Krug hinübersprang, dann den Hintergrund bearbeitete und sich schließlich mit dem Vordergrund befaßte...

Cézannes Freund, der große Maler Pierre Bonnard, sagte, Cézanne sei einer der wenigen Maler gewesen, der einen ganzen Nachmittag nach einem Modell arbeiten konnte, ohne sich von ihm gefangennehmen zu lassen... Das heißt, er hielt auch nach Stunden noch an seiner ursprünglichen Interpretation fest.

Weshalb sollte man es unter solchen Bedingungen nicht für gesichert ansehen, daß dieses Spazierengehen quer durch das Bild Cézanne es ermöglichte, sein Werk mit derselben Objektivität zu betrachten, mit der er zuvor sein Modell untersucht hatte?

Cézanne, ein großer Meister der Interpretation

Es sei nochmals darauf hingewiesen, daß Cézanne einer der wenigen Impressionisten war, die angesichts eines Modells sofort eine Vorstellung von dessen Form, der Farbe, den Kontrasten von Licht und Schatten und den Reflexen hatten und zu malen begannen, ohne an diesem ersten Bild noch etwas zu verändern. Pierre Bonnard sagte dazu: "Die Anwesenheit eines Modells ist eine schicksalhafte Versuchung. Der Künstler läuft ständig Gefahr, sich von dem unmittelbaren Anblick fortreißen zu lassen und seinen ersten Eindruck zu vergessen." Und um diese Worte zu unterstreichen, fügte er hinzu: "Kaum malte ich eine Rose direkt nach einem Modell vor Augen, ließ ich mich von den Details fortreißen... Plötzlich spürte ich, daß ich völlig verwirrt war, daß ich nichts zustande brachte, daß ich verloren war und nicht zu dem ersten Impuls, zu meinem ersten Eindruck, der mich so fasziniert hatte, zurückfinden konnte.

Man muß eine Möglichkeit der Selbstverteidigung gegen den Einfluß des Modells finden, wie Cézanne sie besaß", fuhr Bonnard fort. Aber wie stellte Cézanne dies an? Nun, bevor er auf seiner weißen Leinwand zu malen begann, betrachtete Cézanne sein Modell ausgiebig und baute das Bild in seinem Kopf auf. Er gab sich ganz seiner Vostellungskraft, dem Traum, der Inspiration, die von dem Modell ausging, hin. Und als er **sein Bild endlich genau vor Augen hatte**, begann er mit jener "heldenhaften Selbstdisziplin" zu malen, wie der englische Maler und Schriftsteller John Berger schrieb, "mit jener außergewöhnlichen Fähigkeit, sein Bild mit derselben Objektivität zu sehen und zu beobachten, die er auch auf das Studium seines Modells verwendete". Als sagte er sich unablässig "So ist es. Ganz genau so sehe ich es!" Berger beendet seinen Bericht mit folgenden Worten: "Das scheint so leicht zu sein. Aber es ist genauso leicht, wie über das Wasser zu laufen."

Wie Cézanne Kontraste schuf

Cézanne suchte nach Kontrasten in der Farbe. Er legte eine grüne Birne neben eine rote Birne und beide auf ein weißes Tischtuch, das wiederum auf einem alten Tisch aus dunklem Holz lag (Abbildung 266). Doch das allein genügte ihm nicht. Er "mogelte", um die Kontraste zu betonen. Betrachten Sie einmal den beinahe in Originalgröße abgebildeten Ausschnitt des "Stillebens mit Pfirsichen und Birnen" auf der vorigen Doppelseite. Dann erkennen Sie, daß die Umrisse der Pfirsiche auf dem Teller, des Krugs und seines Henkels und die Begrenzungen des Tischtuches durch Schraffierungen, Linien oder dunkle Farbe betont sind, um die Gegenstände, die Formen und die Farbgebung besser zur Geltung zu bringen. Studieren Sie den doppelseitigen Ausschnitt ausgiebig; betrachten Sie die Richtung der Pinselstriche genau (zum Beispiel auf der grünen Birne, wo sie die Form einwickeln). Beachten Sie auch die Stärke der Farbschicht (auf dem Untergrund ist sie so dünn, daß sie nicht einmal die Leinwand bedeckt; bei der Birne und den Pfirsichen ist sie dagegen dicker). Untersuchen Sie auch die Anlage des Bildes in diesem sehr raschen Malstil mit den Zickzackstrichen, um die Werte und die Schatten des Tischtuches zu betonen, und der ganzen Vielfalt der Farben. Es wurde in einer einzigen Sitzung gemalt.

Cézanne und die Vielfalt der Farben

Auf der gegenüberliegenden Seite sehen Sie einen Ausschnitt des "Stillebens mit Vorhang und Krug mit Blumenmotiven" (Abbildung 268) beinahe in Originalgröße. Darauf ist die außerordentliche Vielfalt an Farben und Nuancen gut zu erkennen. Sehen Sie sich anhand der einfachen Darstellung einer der Orangen einmal genau an, wie Cézanne arbeitete: Er nahm zunächst Orange und fügte dann Rot, Gelborange, Hellrot, Zinnober dunkel und Siena hinzu... Betrachten Sie den Krug. Ist er nicht phantastisch? Diese Blume in der Mitte, diese unendliche Anzahl von Rosa, Creme, Lila und Weiß im Krug, und diese riesige Skala von farbigen Nuancen von außerordentlicher Schönheit... Wie Cézanne dies erreichte? Ich glaube nicht, daß ich darauf eine technische Antwort geben könnte. Cézanne war ein Arbeitstier. Und er war immer unzufrieden mit seiner Arbeit. Er stellte laufend neue Untersuchungen an. Einer seiner Biographen, der Russe A. Barzkaja, erzählt, daß er "manchmal den Spachtel nahm und alles, was er während des Tages in Windeseile gemalt hatte, wieder abkratzte. Bei manchen Gelegenheiten ging er sogar soweit, das ganze Bild zum Fenster hinauszuwerfen."

Die Praxis des Malens eines Stillebens

Auf den folgenden Seiten wollen wir uns mit der praktischen Seite des Malens eines Stillebens befassen. Wir beginnen mit den drei Stilleben, die ich selbst für dieses Buch gemalt habe. Wir werden das Vorgehen für jedes dieser Bilder einzeln betrachten und jeden Schritt bis zur endgültigen Fertigstellung des Werkes nachvollziehen. Ich gebe dazu die notwendigen Erläuterungen. Sie werden feststellen, daß es sich bei dem ersten Bild um ein Stilleben im klassischen Stil handelt, das hinsichtlich des Themas, der Elemente und der Kompositionsweise an Cézanne erinnert. Das zweite Stilleben wurde bei Kunstlicht gemalt. An ihm wollen wir die Probleme untersuchen, die sich beim Malen von Gläsern, Flaschen und Glasgefäßen mit Ölfarbe ergeben. Das letzte Stilleben ist schließlich ein praktisches Beispiel für die Primamalerei. Es wurde in einer einzigen Sitzung in etwas mehr als drei Stunden hergestellt. Es wäre gut, wenn Sie sich zur Abrundung der Unterweisung durch dieses Buch selbst Übungen dieser Art stellten, bei denen Sie eine ganze Menge über die Kunst des Malens mit Ölfarben lernen können.

1. Praktische Übung

Abbildung 269: Hier unser Modell. Es besteht aus einer Porzellanvase mit einer roten Rose, einem Teller mit Früchten, einem Weinglas, drei Pfirsichen und einem Apfel, die auf einem faltenreichen Tischtuch auf einem Holztisch liegen. Im Hintergrund sind einige Gegenstände im Raum zu erkennen. Mit anderen Worten: Es handelt sich um Elemente und eine Verteilung, die für Cézanne typisch waren. Die Komposition und die dominierende Farbe kommen seiner Malweise sehr nahe.

Die Vorzeichnung (Abbildung 270)
Es handelt sich um eine Skizze mit Zeichenkohle, in der die Form und die genaue Lage jedes einzelnen Elementes festgehalten werden. Vergleichen Sie die Zeichnung mit dem Modell, stellen Sie bemerkenswerte Unterschiede fest. Die erste Abweichung betrifft den Apfel im Vordergrund auf dem Tisch. Er unterscheidet sich in Form und Farbe vom Modell. Es ist ein anderer Apfel geworden. Die zweite Veränderung betrifft den Pfirsich im Hintergrund in der Nähe der Stuhllehne. Er taucht in der Zeichnung nicht auf. Dies erklärt sich aus der Tatsache, daß mein Modell zunächst so aussah, wie es die Zeichnung zeigt, und ich es erst während des Malens für sinnvoll hielt, den Apfel im Vordergrund zu verändern und den Pfirsich im Hintergrund hinzuzufügen.

Untersuchung von Licht und Schatten (Abbildung 271)
Nachdem ich die vorige Zeichnung vollendet habe, möchte ich mit dieser hier den Aufbau überprüfen und versuchen, das Gleichgewicht der Blöcke anhand der Skizze zu analysieren. Nach der Beendigung der Skizze fixiere ich sie mit einem Fixativspray für Zeichenkohle.

Erstes Stadium (Abbildungen 272 und 277)
Besser zu erkennen ist dieses erste Stadium auf Abbildung 277 (Seite 116), also nach der Fertigstellung. Das Verfahren, das ich während des ersten Stadiums meines Stillebens angewandt habe, ist nicht uninteressant. Ich beginne mit dem Malen der großen Flächen des Untergrunds, der grauen Stellen des Tischtuches und dem dunklen Siena des Tisches, um von vornherein die großen weißen Partien der Leinwand abzudecken, damit ich die Farben der Früchte und der anderen Elemente richtiger treffe.

270

1. Praktische Übung

Eine Rose zu malen ist nicht viel schwieriger als einen Apfel oder eine Weintraube. In beiden Fällen ist es ratsam, zunächst mit großer Sorgfalt die konkrete Form zu zeichnen. Nachdem ich eine sehr genaue Zeichnung der Rose angefertigt habe, bin ich bei meinem Beispiel folgendermaßen vorgegangen:
Abbildung 273: Ich habe zunächst den Hintergrund angelegt, dann das dunkle Grün der Blätter und schließlich das beinahe gleichförmige Purpur der Blume. Das mag Ihnen widersprüchlich erscheinen, da ich auf diese Weise die Eingangszeichnung völlig abdecke. Das ist richtig. Ganz sicher wird mich die Skizze jedoch während des Malens weiterhin an die Form, die Tonalität und die Farben erinnern. Und darauf kommt es an.
Abbildung 274: Den Beweis dafür finden Sie in dieser Abbildung. Ich habe die hellen Farben auf den dunklen, purpurnen Grund aufgetragen und auf diese Weise die Grundlage für die Blütenblätter erstellt.
Abbildung 275: Hier das Endergebnis. Auch bei den Blättern habe ich hell auf dunkel gearbeitet. Beachten Sie, daß ich bei diesem letzten Schritt die Farbe des Untergrunds benutzt habe, um die Konturen miteinander zu verbinden und verfließen zu lassen. Die Rose hat noch mehr Purpur, Rot und Weiß bekommen, und die dunklen Stellen habe ich darüber hinaus mit Preußischblau und Umbra gebrannt betont.

271

272

1. Praktische Übung

277

278

Erster Schritt (Abschluß): allgemeine Tonalität

Abbildung 277: Die Abbildung zeigt das Bild nach Abschluß der ersten Arbeitsphase, also nachdem die gesamte Leinwand mit einer ersten Farbschicht überzogen ist. Sie erkennen, daß ich das Bild ursprünglich ohne den Pfirsich und auch nicht mit diesem Apfel malen wollte. Beachten Sie außerdem, daß die Formen in diesem Stadium noch nicht endgültig festgelegt zu sein brauchen, so daß man noch die Möglichkeit hat, ein Element durch ein anderes zu ersetzen. Zum Beispiel habe ich statt der Rosenknospe in dieser ersten Sitzung einen Farbfleck gemalt, der einer offenen Blüte entspricht. Auch die Rosenblätter und die Verteilung der Trauben und der Früchte auf dem Teller in der Mitte lassen sich ohne weiteres noch verändern. Ich meine jedoch, daß nicht alles provisorisch ist. Nein, Sie sehen selbst, daß eine Reihe von Elementen nach Abschluß der ersten Phase nicht mehr verändert zu werden braucht — zum Beispiel der Hintergrund und die allgemeine Form des Tischtuches.

ZWEITES STADIUM:

Abstimmung der Formen und Farben

Abstimmung der Formen und Farben

Abbildung 278: Hier komme ich der endgültigen Version schon ziemlich nahe. Ich habe den Apfel im Vordergrund verändert, den Pfirsich im Hintergrund hinzugefügt und die beiden Pfirsiche auf dem Teller durch zwei Äpfel ersetzt. Das geschah, um eine größere Vielfalt in den Formen, vor allem aber in den Farben zu erzielen. Man kann jetzt davon ausgehen, daß der Pfirsich und die beiden Äpfel auf dem Teller, der Pfirsich im Hintergrund und in einem gewissen Maße auch der Apfel im Vordergrund nicht mehr verändert werden. Die Weintraube muß dagegen noch einmal aufgebaut und gemalt werden (Abbildung 279). Der beste Rat, den man in diesem Stadium geben kann, ist vielleicht, noch einmal über das Bild "zu spazieren"; das heißt, man sollte sich nicht bei einem bestimmten Element und einer bestimmten Farbgebung zu lange aufhalten. Ich meine, es ist besser, nach und nach zu den einzelnen Bestandteilen zurückzukehren und sich noch einmal mit ihnen zu befassen, kreativer zu werden, die Elemente zu beleben und sie im Sinne einer Synthese neu zu sehen.

Drittes Stadrum: Fertigstellung

Abbildung 279:
Das Bild ist fertig. Aber man kann immer noch einige kleinere Details verändern und verbessern — zum Beispiel die Spitzlichter der Weintrauben, die Holzfarbe des Tisches, einige weitere Kleinigkeiten und die Reflexe im Tischtuch. Die Reproduktion des fertigen Bildes auf der übernächsten Seite gibt Ihnen eine bessere Vorstellung von dem Endergebnis.

1. Praktische Übung

Abbildung 280: Zur Veranschaulichung des Abschlußverfahrens ist hier noch einmal eine Fotografie des Modells abgebildet.

281

Zum besseren Verständnis des Ablaufs, in dem das Bild hergestellt wurde, sehen Sie sich bitte **das zweite Stadium** (Abbildung 280), in dem die Farben und Formen abgestimmt worden sind, genau an. Vergleichen Sie dieses Stadium mit der Abbildung des fertigen Gemäldes (gegenüberliegende Seite), und untersuchen Sie die Veränderungen in Form und Farbe, der manche Elemente unterzogen worden sind. Die Traube ist völlig neu aufgebaut worden; der Apfel im Vordergrund und vor allem der Aufbau und die Farbgebung des Tischtuches mit dem Zusatz von Weiß und Hellgrau haben die endgültige Gestalt bekommen. Ferner sind die Form und die Farbe des Glases und der Vase jetzt gelöst.

Studieren Sie den Übergang vom vorletzten Stadium zum endgültigen Bild (Abbildung 282) sehr genau. Im fertigen Bild sind noch die allerletzten Retuschen angebracht worden, wie Sie anhand von Abbildung 279, Seite 117, feststellen können. Zum Abschluß möchte ich Ihnen raten, selbst ein Stilleben in diesem Stil zu malen. Erinnern Sie sich dabei an den Text und die Bilder des großen Malers Paul Cézanne.

1. Praktische Übung

282

2. Praktische Übung

Beim Arbeiten an diesem Bild wollen wir zwei wichtige Dinge über das Malen mit Ölfarben im allgemeinen und das eines Stillebens im besonderen erfahren.

1. Das Stilleben wurde bei Kunstlicht an zwei Abenden nacheinander in Sitzungen von je zweieinhalb Stunden hergestellt. Abbildung 283 zeigt eine Fotografie des Modells mit der Schreibtischlampe, die es beleuchtet (mit einer normalen 100-Watt-Birne). Ich selbst habe mich mit meiner Staffelei höchstens 1,50 Meter entfernt gesetzt und arbeite ebenfalls bei Kunstlicht. An meiner Staffelei befindet sich eine ausziehbare Lampe mit einer 100-Watt-Birne (Abbildung 70, Seite 40).

2. Der zweite Punkt betrifft das Thema und die Farben, da in meinem Modell Gegenstände aus Glas überwiegen, die vor einem dunklen Hintergrund stehen. Das führt uns zu drei logischen Konsequenzen: a) Glas ist durchsichtig; man sieht also die Farben des Hintergrundes oder der unmittelbar dahinterliegenden Gegenstände hindurch. b) Blickt man durch die Flaschen, die Flakons oder die Glasgefäße hindurch, erscheinen die dahinterliegenden Formen verzerrt. c) Das Zeichnen von Gegenständen aus Glas erfolgt im wesentlichen durch Schraffierung oder dunkle Farbflächen und Farbflecken oder Reflexe.

Abbildung 284: Vorskizze mit Zeichenkohle. Sie wird hergestellt, nachdem man zuvor anhand einiger Skizzen die Proportionen, die Lage und den Ausschnitt festgelegt hat.

Abbildung 285: Durch Anlegen der Schatten mit Zeichenkohle versuchen wir, die Formen, die Volumen und das Ausmaß der Schattenstellen zu erfassen.

2. Praktische Übung

Abbildung 286: Ich habe das Bild mit dem dunklen Ton des Hintergrundes und dem hellen Siena des Tisches begonnen und gleich am Anfang auch die Flasche gemalt, deren Wiedergabe als endgültig betrachtet werden kann. Auf dem fertigen Werk erkennen Sie, daß das Volumen dieser Flasche ausschließlich durch die leuchtenden Punkte und die feinen Reflexe des Ockers und des Gelbs der Tischfläche und der Äpfel erreicht wird. Der dunkle Hintergrund greift übrigens völlig in die Form der weißen Glasflasche links ein, deren Ausmaße gerade noch zu erahnen sind. Noch ein Detail: Ich habe das kleine Glas, das vor der schwarzen Flasche stand, und den Korken neben dem Kristallgefäß im Vordergrund des Modells weggelassen. Weshalb ich das tat? Ich glaube, beide schadeten der thematischen Komposition des Motivs.

Abbildung 287: Der Apfel und der Steinguttopf sind endgültig. Ein Blick auf die Abbildung des fertigen Bildes (Seite 123) zeigt, daß der Apfel sich durch die Lage der Elemente zueinander abheben und zum Brennpunkt werden könnte. Beachten Sie die Kontraste, die ich in der Nachbarschaft des Apfels und in den Konturen angelegt habe, um diese Wirkung zu erreichen.

Abbildung 288: Beim Komponieren dieses Stillebens hatte ich das Weinglas anfänglich ohne den weißen Teller an diese Stelle gestellt. Anhand der Vorskizzen auf Papier erkannte ich jedoch, daß dieser weiße Fleck fehlte, um die Eintönigkeit des Ensembles aufzulockern. Studieren Sie auf der Abbildung des fertigen Bildes (Seite 123), wie die Synthese erreicht wurde: Ich habe das Glas mit wenigen einfachen Strichen aus dunklem und hellem Grau und leuchtendem Weiß angelegt. (Erinnern Sie sich an das Gesetz der Kontraste: Ein Weiß wirkt um so weißer, je dunkler der Ton ist, den es umgibt!

2. Praktische Übung

289

290

Abbildung 289: Die Abbildungen dieser Seite, die den Ablauf der Anfertigung des Gemäldes zeigen, sind Reproduktionen von Fotografien, die während des Malens des Werkes im Atelier aufgenommen wurden. Trotz aller vorherigen Versuche und größter Vorsichtsmaßnahmen konnten während der verschiedenen Stadien gewisse Reflexe auf der frisch bemalten Leinwand leider nicht verhindert werden, die die Qualität der Aufnahmen mindern. Deutlich zu erkennen ist dies auf den beiden nebenstehenden Abbildungen (289 und 290), und zwar insbesondere im oberen Teil des Bildes. Ansonsten ist im Vergleich zur Abbildung 286 festzustellen, daß die Farbe des Hintergrundes sich jetzt im oberen Teil des Glases und in dem leicht blaustichigen Weiß der Reflexpunkte auf der Flasche durchsetzt.

Abbildung 290: Ein Glasgefäß wie das im Vordergrund links, das völlig durchsichtig ist und im Innern nur undeutliche Formen aufweist (einige Nüsse), das Verzerrungen und punktartige Spitzlichter zeigt, mag Ihnen als ein sehr kompliziertes Modell erscheinen. Das ist aber durchaus nicht der Fall. Das Glas ist nicht schwerer darzustellen als jedes andere Modell und erfordert auch kein spezielles Können. Man braucht sich nur an Michelangelos Rat zu halten, den ich so gern in meinen Büchern zitiere: "Man zeichnet, indem man schlicht und einfach alles kopiert!" Betrachten Sie also jede Form, jeden Fleck und jede Fläche einzeln, als handele es sich um einen gesonderten Gegenstand. Analysieren Sie die Maße und die Umrisse im Vergleich zu den anderen: das ist im Grunde schon alles!

2. Praktische Übung

Abbildung 291: Nachdem ich den Hintergrund und die Tischfläche mit einigen Pinselstrichen aufgehellt, den oberen Teil des Glases noch einmal aufgebaut und die Weinflasche und das Glasgefäß zu Ende gemalt habe, ist das Bild fertig. Sie erkennen, daß ich das Problem des Volumens mit Hilfe von dunklen Schraffierungen in der Farbe des Hintergrundes und hellen, manchmal beinahe weißen Flecken für die Spitzlichter gelöst habe. Der Farbe der Spitzlichter sollten Sie besondere Aufmerksamkeit widmen. Dann stellen Sie nämlich fest, daß sie fast nie absolut weiß sind, sondern immer von der Farbe des Gegenstandes bestimmt werden. Auf dem Apfel ist das Spitzlicht tatsächlich weiß; auf dem Steingutgefäß hinter dem Apfel ist es degegen leicht gebrochen (Knochenfarbe), und der kleine leuchtende Punkt links im Schatten hat einen leichten Blaustich. Auf der schwarzen Farbe haben die leuchtenden Punkte einen deutlichen Blaustich; auf der weißen Flasche gibt es neben Blau — oder Hellockertönen ein sehr helles Grau etc. Außerdem erkennen Sie, daß die Umrisse — besonders im Hintergrund — nie hart gezeichnet sind.

Warum malen Sie nicht selbst solch ein Stilleben, das Sie vor derartige Problem stellt? Nehmen Sie sich dafür zwei oder drei Abende bei künstlichem Licht Zeit. Ich kann Ihnen versichern, daß Sie nicht nur eine Menge dabei lernen, sondern es als ein außerordentlich faszinierendes Experiment empfinden werden.

3. Praktische Übung

Zum Abschluß wollen wir bei Tageslicht ein Stilleben in der Primatechnik malen. Es handelt sich also um ein Bild, das in einer einzigen Sitzung fertiggestellt wird.

Das Modell (Abbildung 292)
Hier ein einfaches, aber nicht unattraktives Modell: ein runder Tisch mit einem weißen Tischtuch; darauf eine Karaffe, eine Flasche und Gläser, wie man sie normalerweise nach dem Essen auf dem Tisch stehenläßt. Außerdem befinden sich dort noch eine Kaffeetasse mit Untertasse und Löffel, ein Aschenbecher und ein Buch. Das Thema ist nicht so schwierig wie die beiden vorherigen. Doch um trotzdem davon zu profitieren, sollten Sie Einfachheit als Herausforderung akzeptieren.

Aufbau und Perspektive

Abbildung 293: Wie bereits früher erwähnt (Seite 52 bis 55), erfordert die Kunst des Stillebens eine gründliche Kenntnis der Regeln des Aufbaus und der Perspektive, bei denen man von den Grundformen eines Würfels, einer Kugel und eines Zylinders ausgeht. Bei diesem wie bei den vorigen Stilleben bestehen die Gegenstände im wesentlichen aus diesen klassischen Formen. Sind Sie sicher, daß Sie ohne Schwierigkeiten abbilden können, überspringen Sie diesen Abschnitt, und sagen Sie sich, daß die Farbe dies ohnehin erledigt. Haben Sie jedoch Zweifel, neigen Sie dazu, später normalerweise noch etwas zu verbessern, kann ich Ihnen nur raten, viele Tassen, Teller und Vasen mit Hilfe von Skizzen zu zeichnen, wie auf diesen Abbildungen zu sehen.

3. Praktische Übung

Erstes Stadium: der Aufbau
(Abbildung 294)
Viel Zeit hat man nicht zum Malen. Die Zeichnung des Modells, die man vor Augen hat, muß während des Malens entstehen. Es handelt sich um einen sehr raschen Aufbau, der mit dem Pinsel und stark mit Terpentin verdünntem Preußischblau oder Umbra natur erfolgt. Man arbeitet also mit einer sehr flüssigen Farbe. Man könnte sagen, daß der Aufbau berechnet und ausgeführt werden muß, um die Größe, die Proportionen und die Verteilung der Gegenstände im Bild zu bestimmen, und nicht so sehr der eigentlichen Form der einzelnen Bestandteile des Stillebens gilt.
Also rasch ein paar einfache Striche zum Festlegen des Platzes und der Form... Sind Sie bereit? Dann los!

Zweites Stadium (Abbildung 295)
Jetzt muß als erstes die Leinwand mit Farbe bedeckt und damit das Weiß der Grundierung ausgeschaltet werden. In unserem Fall malen wir dazu den eigentlichen Hintergrund und das Grau des Tischtuches. Dieses Grau aus Weiß, Umbra natur und Preußischblau ist mit einem Flachpinsel Nr. 24 aufgetragen. Nebenbei sei erwähnt, daß wir für diesen ersten Farbauftrag grundsätzlich ziemlich große Flachpinsel, zum Beispiel Nr. 12 und 18, benutzen. Auf der nebenstehenden Abbildung greift die Farbe des Tischtuches auf die transparenten Formen der Wasserkaraffe, des Stielglases und des Teils des Bechers über, das keinen Kognak enthält. Das Buch, der Aschenbecher und die Tasse müssen dagegen ausgespart werden. Dasselbe gilt für die Kognakflasche mit Ausnahme des Etiketts, die hier schon fast beendet zu sein scheint (das Etikett auf der Rückseite habe ich weggelassen), und die Spitzlichter auf ihrer Oberfläche. Gegebenenfalls kann ich während der letzten Phase noch auf gewisse Dinge wie den Hintergrund zurückkommen, um die Farbgebung zu bereichern und zu diversifizieren. Im Prinzip werden die meisten Farben und Formen jetzt jedoch bereits endgültig festgelegt...

3. Praktische Übung

Bisher habe ich meine Palette noch nicht gereinigt, sondern das Grau des Tischtuches für eventuelle Retuschen, Übermalungen und Korrekturen von Silhouetten oder Konturen zurückbehalten.

Drittes Stadium (Abbildung 296) Ich habe das Buch, das Stielglas und den Becher mit einem Pinsel Nr. 8 und einem weiteren Nr. 6 (den einen für die dunklen Grautöne, den anderen für das mittlere Grau) fertiggemalt.

Sie werden feststellen, daß ich alle Bestandteile des Stillebens während des Malens gezeichnet und aufgebaut habe. Dazu bedarf es einer entschlossenen Haltung; ja ich würde sogar sagen: einer gewissen Verwegenheit, um sich furchtlos an die Arbeit zu machen und mit einfachen Pinselstrichen die Formen zusammenzufassen und zu vereinheitlichen. Anschließend male ich die Tasse, die Untertasse und den Kaffeelöffel. Das ist in wenigen Augenblikken erledigt, wenn man mit höchstmöglicher Konzentration und risikobewußt arbeitet, um die

Abbildung 298: Hier das Modell als Farbfoto. Mit seiner Hilfe läßt sich die Interpretation der unterschiedlichen Bestandteile erkennen: Die Farbe des Flaschenetiketts war gelb, ich habe es weiß gemalt. Die Falten im Tischtuch habe ich weggelassen und sie in Wurfschatten etc. verwandelt.

3. Praktische Übung

maximale Vereinheitlichung in Form und Farbe zu erreichen. Zur Veranschaulichung des Gesagten finden Sie obenstehend die Tasse, die Untertasse und den Kaffeelöffel in Originalgröße abgebildet (Abbildung 297). Ich hoffe, es ist klar ersichtlich, wie die Synthese erreicht wurde. Den Aschenbecher und die Zigarette habe ich aus dem Kopf gemalt, denn ich hatte kein Modell zur Hand. Diese sind am stärksten ausgearbeitet. Sie haben mich am meisten Zeit gekostet — fast eine halbe Stunde. Das mußte auch so sein: Jeder andere Bestandteil des Stillebens ist aufgrund seiner charakteristischen Form leicht wiederzuerkennen, auch wenn er zusammengefaßt und maximal vereinfacht erscheint. Der Aschenbecher verlangt dagegen eine weitgehendere, konkretere und besser getroffene Erklärung.

Viertes und letztes Stadium
(Abbildung 299)
Das wäre es. In der Praxis bin ich allerdings noch nicht fertig, denn man findet immer noch den einen oder anderen Irrtum, der erst offensichtlich wird, sobald das Bild fertiggestellt ist. Bei diesem Beispiel handelt es sich um einen Mangel an Symmetrie aufgrund der ovalen Form des Tisches. Deshalb bin ich gezwungen, die Krümmung von der einen Seite zur anderen zu korrigieren, und zwar ohne das Modell zu betrachten, denn hier handelt es sich um eine Frage der Symmetrie bzw. der Geometrie. Gleichzeitig habe ich noch ein paar Retuschen angebracht — nur einige kleinere Details, bis ich das obenabgebildete Endergebnis erzielt hatte. Insgesamt habe ich drei Stunden und zwölf Minuten für das Bild benötigt.

Der Wille und das Genie

"Ich habe mir geschworen, malend zu sterben."

Eineinhalb Monate vor seinem Tod, im August 1906, schrieb Cézanne an seinen großen Freund Émile Bernard: "Ich studiere weiter die Stilleben,

die mich umgeben, und male immer noch. Ich glaube, daß ich ein paar Fortschritte mache. Ich fühle mich sehr allein. Ich bin alt und krank; ich habe mir geschworen, malend zu sterben."

Das ist ein pathetischer Satz, aber er paßt zu einem großen Genie. Denn das Genie entsteht nicht spontan. Menschen werden, nach Schopenhauer, zu Genies, "weil sie völlig in ihrer Arbeit versinken und sich restlos in sie versenken". Sie weisen die "Theorie der Inspiration" fast immer zurück und begründen ihren Erfolg mit der "Theorie der Anstrengung".

Sie wissen, daß Sie erhebliche Anstrengungen unternehmen und viel arbeiten müssen, wenn Sie in der Malerei etwas erreichen, wenn Sie wirklich gut malen lernen wollen – ohne gleich ein zweiter Cézanne zu werden. Und Sie sollten ebenso demütig und ausdauernd werden wie Cézanne, wie Degas ("Ich bin geboren, um zu malen...") oder wie Ingres.

Es wird erzählt, daß sich Ingres ein Jahr vor seinem Tod (er war damals sechsundachtzig Jahre alt) daranmachte, einen Ausschnitt von Giotto zu kopieren. Als ihn jemand nach dem Grund fragte, antwortete Ingres: "Um zu lernen..."